内蒙古民族大学民族学人类学研究丛书　阿拉腾嘎日嘎　主编

莫日根巴图 / 著

古代蒙古族逻辑思想研究

社会科学文献出版社
SOCIAL SCIENCES ACADEMIC PRESS (CHINA)

本书为国家社会科学基金一般项目
"古代蒙古族逻辑思想研究"(项目编号:13BZX061)的结项成果

"内蒙古民族大学民族学人类学研究丛书"组织委员会

主　　任　刘志彧　陈永胜
副主任　巴根那　修长百
成　　员　许　良　莫日根巴图　裴志利

编委会

特邀学术顾问　郝时远　朝戈金　纳日碧力戈　齐木德道尔吉
主　　　　编　阿拉腾嘎日嘎
委　　　　员　阿拉坦格日乐　张　辉　孔繁利　王　泰
　　　　　　　　温　泽　包格日乐吐　秋　喜　白红梅
　　　　　　　　杨金戈　包宝柱

总　序

　　中国是各民族"多元一体"的国家。内蒙古自治区是我国最早成立的少数民族自治区，也是我国多民族聚集的模范自治区。内蒙古民族大学位于内蒙古自治区东部，坐落在通辽市科尔沁区，是自治区唯一以"民族"冠名的综合性大学。建校60年来，我校各级领导和全体教职员工筚路蓝缕，为民族地区经济社会发展培养和输送了大批有用之才。学校初建便埋下马克思主义民族学教学的伏笔，贯穿于"政治理论""民族理论"课程教学中，改革开放以后，尤其是自从费孝通先生在北京大学设立"社会学人类学研究所"以来，我校的民族学学科在教学、研究的内容、形式、范围等方面与国内其他高校同步转入宏观意义上的民族学领域。

　　六十载栉风沐雨，弦歌不辍，老骥伏枥，少壮努力，马不停蹄。2018年，学校喜迎60年建校华诞，抚今追昔，面向未来，制定长期发展规划，描绘壮美蓝图。在学科建设方面，蒙药学、民族学、作物学成为重点建设学科，我们民族学团队扬鞭催马，不负众望，隆重推出"内蒙古民族大学民族学人类学研究丛书"。我校有关领导、有关职能部门和民族学团队成员，在习近平新时代中国特色社会主义思想关于民族工作相关论述指引下，全力投入中国特色民族学人类学学科建设和学术创新发展的大潮。这套丛书的出版发行是本校、本团队的盛事，是本校学科建设和学术发展的重要标志。

"内蒙古民族大学民族学人类学研究丛书"择优编入民族学一级学科所涵盖的民族历史、马克思主义民族理论与政策、民族经济、民族艺术、世界民族与民族问题等相关学科的优秀成果，同时也注意编入民族宗教、民族饮食、民族遗产、民族文学、民族教育等方面的代表性作品，重点涉及我国东北地区各民族游牧社会、蒙古族人口聚集的东部农牧社会以及东北亚跨界地区的各民族。

"内蒙古民族大学民族学人类学研究丛书"是学校民族学学科团队展示最新科研成果的学术窗口。需要说明的是，在国内，尤其在民族地区，学者接触民族学、人类学这类"舶来学"的时间相对滞后，仍然停留在传播和介绍国际民族学人类学的经典理论的阶段。民族学人类学最基本的方法和原则是深入田野，长期局内观察，同吃、同住、同乐、同劳动，发现民间智慧，浓描生存经验，研究本土知识，为社会开辟新视野，为民众打开新窗口，为人类直面各种挑战提供个案经验，为建设万象共生的可持续命运共同体提供学术支持。我们的学术事业任重而道远。

诚挚期待与国内外同仁在交流互鉴中彼此提携，共同谱写民族学人类学崭新篇章。

"内蒙古民族大学民族学人类学研究丛书"编委会
2019年7月

摘　要

对有效沟通交际的思维工具系统有一定的自觉的认识和阐述，均纳入逻辑大家族，这虽然不是严格意义和系统的逻辑学，但可以统称为逻辑思想。逻辑与文化具有密切的互动关系，不同时期、不同地域、不同文化群体形成不同民族的逻辑思想。古代蒙古族没有专门研究逻辑的学问，亦即逻辑学。但是在特定的自然、历史文化背景下，古代蒙古族先民认识世界、看待问题、表达和论证思想观点具有自己独特的方式方法。因此，本书将古代蒙古族的说理方式、思维方式、思维特征等统称为古代蒙古族逻辑思想并进行研究。

通过研究，本书对古代蒙古族逻辑思想得出的结论如下。一是古代蒙古族虽然没有留下系统研究逻辑的专门著作，但《蒙古秘史》等诸多历史文献当中包含着丰富的逻辑思想。二是在思维发展规律上，蒙古族先民经历了前逻辑到逻辑思维的过程。前逻辑思维特征，主要表现在形象思维占主导地位和一定程度的原始思维痕迹。腾格里思维、图腾思维、萨满思维、神话思维等思维方式，都具有一定程度的原始思维遗留或痕迹。三是古代蒙古族形成了较为成熟的逻辑思想，具体表现在丰富的类概念系统，能够熟练使用比兴手法、意向性思维方式，比喻推理是主导推理形式，辩证思维较为发达。四是蒙古因明是古代蒙古族逻辑思想的重要组成部分。

Abstract

The thinking tool system of effective communication has certain self-conscious understanding and elaboration, which are included in the logic family. Strictly speaking, this is not systematical logic, but it can be collectively referred to as logical thought. Logic and culture have a close interactive relationship, and different periods, different regions, different cultural groups form different national logical thoughts. Ancient Mongolian did not have the special knowledge of logic, namely logic. However, under the specific natural, historical and cultural background, the ancient Mongolian ancestors have their own unique ways to understand the world, to view problems, to express and demonstrate ideas and viewpoints. Therefore, this book will study reasoning mode, thinking mode and thinking characteristics of the ancient Mongolian as logical thought of the ancient Mongolian.

Through the study, this book comes to the following conclusion on the ancient Mongolian logical thought. First, although the ancient Mongolian did not leave a special book on the systematic study of logic, *the Secret History of the Mongols* and other historical documents contain rich logical thought. Second, in the law of thinking development, Mongolian ancestors experienced the process from pre-logic to logical thinking. The characteristics of pre-logical thinking are mainly reflected in the dominance of image thinking and the traces of original thinking to a certain extent. Tengger thinking, totem thinking, shaman thinking, myth thinking and other ways of thinking have original thinking traces to some degree. Third, the ancient Mongolians formed a relatively mature logical thought, which was embodied in the rich concept system, and they were able to skillfully use the Bi-xing (comparison and effective image) and intentionality thinking methods. Metaphorical reasoning was the dominant reasoning form, and dialectical thinking was relatively developed. Fourth, Hetuvidya is one of the important parts of logical thought of the ancient Mongolian.

序　言

人类诞生那一天，就有思维（mens）。但它是"逻辑思维"，还是"元逻辑""原逻辑""原始逻辑""原始逻辑思维"，值得探讨。人类文化不是自然界的成长物，而是人自身的创造物，无可非议。人能创造文化，使自己成为"文化人"或"文化了的人"。可是"文化人"与"人的文化"迥然有别，不仅在于人是"能做"的，更在于人是"能思"的（存在之物）。所以，人是文化的人，故"思"。黑格尔在《哲学史讲演录》[①] 中指出"思维就是'我'、作为思维者的思维就是'我'"。人就是思维着的人。鞠实儿教授在《简明逻辑学》序言中写道"学逻辑要慎思或反思"，指的就是"思维"的内涵。他认为"不同的文化可以有不同的逻辑"。[②] 由此可得如下逻辑谱系：

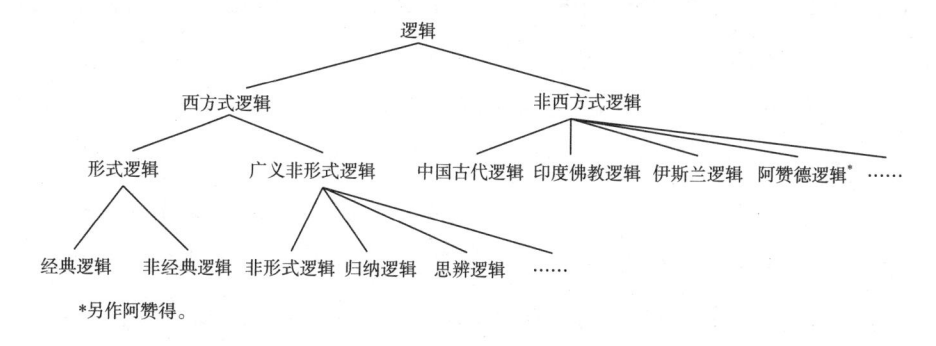

```
                          逻辑
                ┌──────────┴──────────┐
             西方式逻辑              非西方式逻辑
           ┌────┴────┐        ┌────┬────┬────┬────┐
        形式逻辑  广义非形式逻辑  中国古代逻辑 印度佛教逻辑 伊斯兰逻辑 阿赞德逻辑* ……
        ┌──┴──┐   ┌──┬──┬──┐
     经典逻辑 非经典逻辑 非形式逻辑 归纳逻辑 思辨逻辑 ……
```

*另作阿赞得。

---

① 〔德〕黑格尔：《哲学史讲演录》，商务印书馆，1983，第72、73页。
② Graham Priest：鞠实儿作序《简明逻辑学》，史正永等译，译林出版社，2010，第4、5页。

按照鞠实儿教授的观点，结合逻辑谱系看，古代蒙古逻辑包括在"中国古代逻辑"之中。

思维的人类划分为原古人、原始人、古代人、近代人、现代人，等等。原古的思维人是否"元思维"或"原思维"，原始人的思维是否"原始思维"，古代人的思维是否"野性思维"，近代人的思维是否"逻辑思维"，现代人的思维是否"哲学思维"，这是没有明确的逻辑定义的。从人类学民族学视角，德国人思维、日本人思维、中国人思维、美国人思维、印第安人思维、蒙古人思维等都有待深入研究。

莫日根巴图博士撰写的《古代蒙古族逻辑思想研究》一书，专门探讨了古代蒙古人逻辑思维或严格意义上的人类思维史上的思维范畴，即蒙古人原始思维之称，研究涉及了古代蒙古人前逻辑思维、古代蒙古人腾格里思维、古代蒙古人图腾思维、古代蒙古人萨满思维、古代蒙古人神话思维、古代蒙古人岩画思维、古代蒙古人古列延思维及《蒙古秘史》中的思维体系等诸多内容。古代蒙古人思维体系中的核心概念是蒙古"腾格里"（tengeri）思维体系。这是研究古代蒙古人逻辑及文化特征的关键。腾格里是古代蒙古族思维形式的一种特殊概念，源于大自然的一种生态逻辑，为民族认知的抽象化的系统，是古代蒙古人原始逻辑体系，蒙古学将其定义为"大自然逻辑"。学术界定义为"腾格里是古代蒙古人思维形式的自然解读"。逻辑学定义为"腾格里是对大自然的抽象化的群体（思维集合）、古代蒙古人萨满思维模式、综合的民族思维逻辑、形象化的人文哲学、人格化的美学、是整个游牧民族罗格斯的心灵世界"。这不仅是一个原始文化的密码，而且是古代蒙古人的基因形成的"蒙古斑"思维模式。本书力求寻找古代蒙古人的逻辑思维梗概，从多角度揭示了关于古代逻辑思维的经典案例，如对蒙古"腾格里"的解读，阐明了《蒙古秘史》中的概念体系，找到了民族思维及民族逻辑的理论依据。

毫无疑问，世界各民族都有它的文化内涵与逻辑思维。对这类逻辑鞠实儿教授认为："在讨论非西方化或比较西方和非西方文化时，人们常常提及如下术语：中国古代逻辑、印度佛教逻辑和伊斯兰逻辑，甚至还有阿赞得（Azande，一个非洲黑人部落族）逻辑等。相对于西方传统，中华文明背景下的逻辑具有不同的目标、主导推理类型和推理成分的分析，例如墨家逻辑。"绝非巧合的，人们也发现起源于印度文明的佛教逻辑与隶属于西方文明的逻辑具有实质的区别。一些学者指出：人类学家对偏边地区居民思维习惯的研究揭示，我们所接受的逻辑规律只具有局部而非普遍的权威，某些边远地区居民具有与我们不同的逻辑。从上述角度分析，本书的主要内容也可以认为是逻辑的一种转向，是民族逻辑的转向，是逻辑范围的一种突破，也填补了民族逻辑的空白。

20世纪20年代法国人类社会学家列维-布留尔提出了"原始思维"[①]这个命题之后，欧洲学者们开始对这类问题感兴趣。他用大量的人类学材料提出了一种"原始逻辑的思维"，同时发现了"原始人的智力过程"与"我们自己智力过程"是不相符合的，因而得出了"原逻辑"或"原始逻辑"的结论。对他所提出的"原始逻辑"思维，学者们认为是历史的功绩，然而，他并没有彻底解释原始人的"原始逻辑"之谜。

其后，法国人类学家列维-斯特劳斯40年之后，提出了"野性思维"[②]，这是和布留尔相反的研究思路。他认为，没有什么原始与现代之分，有"野生"与"园植"的不同。欧洲学者当中《原始思维》也罢，《野性思维》也罢，似乎又由一个极端到另一个极端，原始人的思维之谜，似乎让人更加迷惑。

我国的学者也参与了对原始思维之谜的探索。其中的一个就是

---

① 〔法〕列维-布留尔：《原始思维》，丁由译，商务印书馆，1981。
② 〔法〕列维-斯特劳斯：《野性的思维》，李幼蒸译，商务印书馆，1987。

这本《古代蒙古族逻辑思想研究》。作者寻找了对蒙古人原思维中的多种角度的答案。诸如，腾格里思维、图腾思维、萨满思维、古列延思维，等等。其中，腾格里思维就是蒙古系统思维。关于古代蒙古人"腾格里"思维，《古代蒙古人文化思维》一书中写道，"蒙古萨满是整个北方民族原始哲学的萌芽的话，蒙古'腾格里'是其全部内容和结构的逻辑体系"。① 可认为，蒙古人原始思维就是蒙古腾格里思维模式。古代的蒙古人一切都是用腾格里来进行思维的，腾格里是蒙古人最高的古代哲学概念，不仅是原始思维之谜，而且是蒙古人基因密码，甚至是和"腾格里 ᠲᠡᠩᠷᠢ"和"蒙古斑 ᠮᠣᠩᠭᠣᠯ ᠳᠠᠷᠠ"思维有关的人类学重要概念。

腾格里是蒙古人原始思维模式形成的最大集成群，是腾格里思维群，也是原始逻辑体系。据《中国各民族宗教与神话大词典》记载，蒙古人腾格里思维具有 120 余种名称。如"霍日穆斯塔腾格里 ᠬᠣᠷᠮᠤᠰᠲᠠ ᠲᠡᠩᠷᠢ""阿塔腾格里 ᠠᠲᠠ ᠲᠡᠩᠷᠢ""苏勒德腾格里 ᠰᠦᠯᠳᠡ ᠲᠡᠩᠷᠢ""扎雅嘎奇腾格里 ᠵᠠᠶᠠᠭᠠᠴᠢ ᠲᠡᠩᠷᠢ""翁滚腾格里 ᠣᠩᠭᠣᠨ ᠲᠡᠩᠷᠢ""布尔罕腾格里 ᠪᠤᠷᠬᠠᠨ ᠲᠡᠩᠷᠢ""罕腾格里 ᠬᠠᠨ ᠲᠡᠩᠷᠢ""成吉思腾格里 ᠴᠢᠩᠭᠢᠰ ᠲᠡᠩᠷᠢ""额真腾格里 ᠡᠵᠡᠨ ᠲᠡᠩᠷᠢ""诺颜腾格里 ᠨᠣᠶᠠᠨ ᠲᠡᠩᠷᠢ""巴音腾格里 ᠪᠠᠶᠠᠨ ᠲᠡᠩᠷᠢ""巴特尔腾格里 ᠪᠠᠭᠠᠲᠤᠷ ᠲᠡᠩᠷᠢ""额奇格腾格里 ᠡᠴᠢᠭᠡ ᠲᠡᠩᠷᠢ""额赫腾格里 ᠡᠬᠡ ᠲᠡᠩᠷᠢ"，等等。以腾格里为主的庞大的蒙古腾格里思维群，为古代蒙古人建立了一个腾格里观念的古代逻辑体系。这是腾格里逻辑系统。

从逻辑推理形式出发，逻辑演算系统的重言式，如 $p \vee q \leftrightarrow q \vee p$、$q \rightarrow (p \rightarrow q)$ 都是推理形式。蒙古人"腾格里"思维群可以演算中得常项和变项。断定"腾格里思维是蒙古逻辑"，前提是"腾格里"，结论是"蒙古逻辑"。如：对于 $A_1, A_2, \cdots, A_{n-1} \vdash A$ 这样一个推理过程，$A_1, A_2, \cdots, A_{n-1}$ 是这个推理的前提，An

---

① 图·乌力吉：《古代蒙古人文化思维》，内蒙古大学出版社，1997。

是这个推理的结论，譬如无论是（p→q）∧p→q，还是∀x（M_x→P_x）∧∀x（S_x→M_x）→∀x（S_x→P_x），从前提到结论的必然推理，主要是由命题之间或命题内部的那些逻辑常项决定的。如果这种推理原理成立，那么，腾格里思维就是蒙古逻辑即成立。

古代蒙古人原始思维是草原游牧文明酝酿的，某种意义上蒙古族古代逻辑思想的精华在于草原文明的摇篮之中。它恰是本书介绍的重点。我们可以这种民族思维的特征揭示原始文化的起源或蒙古人原始思维模式的最基本特点。这些是本书提供的一个研究新线索，值得关注。但这不是本书的全部内容，只是深层的内涵。

原始人对生命的理解是认识自然界的一把钥匙，那么，腾格里思维系统的理解就是蒙古人原始思维模式的一把金钥匙，可以说创造了蒙古逻辑系统。原始思维之谜可能长期存在，但是离我们越来越远。作者按照一些原始思维的遗留事实，对这个千古之谜进行了探索，值得重视。但是，作者仍需要继续潜心研究，力求找到一条揭示这个谜底的道路才有希望揭开真正的大门。只有思维认知和方式的文明科学合理，才会有实践活动方式的优化发展。因此，对原始思维习惯的了解和摈除，不仅直接具有理性进步的意义，也具有实践进步的学术价值。

写于内蒙古师范大学蒙古人思维与蒙古文化研究中心

图·乌力吉

2019 年 10 月 10 日

目录 CONTENTS

第一章　绪论 / 1
　第一节　基本概念解析 / 1
　第二节　古代蒙古族逻辑思想研究的必要性和重要性 / 4
　第三节　古代蒙古族逻辑思想研究概况 / 11
　第四节　研究方法 / 29

第二章　古代蒙古族前逻辑思想 / 34
　第一节　古代蒙古族腾格里思维 / 34
　第二节　古代蒙古族图腾思维 / 38
　第三节　古代蒙古族萨满思维 / 48
　第四节　古代蒙古族神话思维 / 54
　第五节　古代蒙古族形象思维 / 65

第三章　古代蒙古族逻辑思维 / 69
　第一节　《蒙古秘史》中的概念系统 / 69
　第二节　意象性思维方式 / 77
　第三节　比兴手法的使用 / 88

第四节　比喻推理 / 97
  第五节　辩证思维 / 101
  第六节　古代蒙古族古列延思维 / 105

第四章　蒙古因明 / 113
  第一节　因明传入蒙古地区概况 / 114
  第二节　蒙古因明历史文献 / 119
  第三节　蒙古因明研究代表人物及其著作 / 123
  第四节　因明对蒙古族思维方式的影响 / 124

第五章　古代蒙古族逻辑思想主要特征及其历史文化背景 / 126
  第一节　古代蒙古族逻辑思想的主要特征 / 126
  第二节　古代蒙古族逻辑思想的历史文化背景 / 129

参考文献 / 139

后　记 / 147

CONTENTS

Chapter 1 Introduction / 1

  1. Analysis of Basic Concepts / 1

  2. The Necessity and Importance of the Research on Logical Thought of Ancient Mongolian / 4

  3. Overview of Research on Logical Thought of Ancient Mongolian / 11

  4. Methodology / 29

Chapter 2 Logical Thought of Ancient Mongolian / 34

  1. Tengger Thinking of Ancient Mongolian / 34

  2. Totem Thinking of Ancient Mongolian / 38

  3. Shaman Thinking of Ancient Mongolian / 48

  4. Myth Thinking of Ancient Mongolian / 54

  5. Image Thinking of Ancient Mongolian / 65

Chapter 3 Logical Thinking of Ancient Mongolian / 69

  1. Concept System of *The Secret History of the Mongols* / 69

2. Imagery Thinking Mode / 77

3. Use of Bi-xing (comparision and effective image) / 88

4. Metaphorical Reasoning / 97

5. Dialectical Thinking / 101

6. Gulieyan Thinking of Ancient Mongolian / 105

Chapter 4   Mongolian Hetuvidya / 113

1. Overview of Introduction of Hetuvidya into Mongolia / 114

2. Literature of Mongolian Hetuvidya History / 119

3. Representatives and their works of Research of Mongolian Hetuvidya / 123

4. Influence of Hetuvidya on Mongolian Thinking Mode / 124

Chapter 5   Main Characteristics and Historical and Cultural Background of Logical Thought of Ancient Mongolian / 126

1. Main Characteristics of Logical Thought of Ancient Mongolian / 126

2. Historical and Cultural Background of Logical Thought of Ancient Mongolian / 129

References / 139

Postscript / 147

第一章

绪　论

第一节　基本概念解析

一　古代蒙古族

很多史料和研究证明，早在遥远的古代，在蒙古高原就生活着许多不同文化传统的原始人群体。《蒙古民族通史》记载："蒙古高原边缘及其附近的民族、部族等，基于种种原因不断进入腹地。零星者姑置不论，构成一定规模的迁徙，如东胡系统的东部鲜卑、乌桓、柔然、室韦—鞑靼、契丹等，就有多次。西北地区的乌孙、九姓胡、黠戛斯等，在蒙古高原腹地也留下了足迹。"① 1206年，铁木真统一各部落，建立蒙古汗国，"蒙古"从一个部落发展成一个强大的汗国，经过漫长的历史发展，形成了如今的蒙古民族，简称蒙古族。在蒙古族的族源问题上学术界有"匈奴说""突厥说""吐蕃说""东胡说""蒙汉同源说""东胡、突厥、吐蕃混合说""白狄说"等不同的观点和说法。本书所提"古代蒙古族"不是史学意义上的蒙古民族发展历史阶段的概念，

---

① 孟广耀：《蒙古民族通史》第1卷，内蒙古大学出版社，2002，第23页。

而是涵盖蒙古汗国建立前后甚至更漫长的历史阶段的相对模糊的概念。这里包括以上生息繁衍在蒙古高原的与蒙古部族具有密切联系的古代部族。

二 思维方式

思维方式涉及不同学科，例如哲学、逻辑学、心理学以及思维科学都涉及思维方式的问题。同一个学科不同学者对思维方式也有不同的解释和定义。崔清田教授在《墨家逻辑与亚里士多德逻辑比较研究》中指出："所谓思维方式，可以指长久稳定而又普遍起作用的思维方法、思维习惯、对待事物的审视趋向和公众认同的观点。"① 陈新夏等人在《思维学引论》中认为："思维方式是不同时代的不同主体在思维过程中继承和改造前人的思想方式的基础上形成的、又为该时代的不同主体普遍采用的、反映和把握对象的一般方式。用现代科学的语言说，思维方式就是主体获取、加工、输出信息的方式。"② 而陈中立等人在《思维方式与社会发展》中对思维方式做了较为全面的定义："思维方式是人的认识定势和认识运行模式的总和。认识定势，指认识活动开始前的一种认识态势，即是主体先存的意识状态，如思维的功能结构、认识图式、认识的心灵状态，等等。认识运行模式，指认识运行的方法、逻辑、线路、公式，等等。"③

关于思维科学或思维方式，恩格斯有一句经典的论述："每一个时代的理论思维，从而我们时代的理论思维，都是一种历史的产物，它在不同的时代具有完全不同的形式，同时具有完全不同的内容。因此，关于思维的科学，也和其他各门科学一样，是一

---

① 崔清田：《墨家逻辑与亚里士多德逻辑比较研究》，人民出版社，2004，第33页。
② 陈新夏、郑维川、张保生：《思维学引论》，湖南人民出版社，1986，第502页。
③ 陈中立、杨楹、林振义、倪健民：《思维方式与社会发展》，社会科学文献出版社，2001，第125页。

种历史的科学,是关于人的思维的历史发展的科学。"① 综观各种关于思维方式的定义,我们在之前的研究中也阐述了一个共性:"思维方式不是人们头脑中固有的、永恒不变的东西,也不是某一群体、某一个人刻意创造出来的,而是在漫长的历史进程中通过人的生活实践、社会实践、文化实践逐渐形成的。"② "思维方式是历史形成的,是历史文化的主观性和客观性的辩证统一。"③

思维方式具有时代性、地域性、民族性。也就是说,不同历史时代的人们思维方式会有很大差异,而同一时代人们的思维方式很大程度上是相同的;不同地域、国家、人群的思维方式也有各自的差异性;不同的民族在其固定的地理环境、特有的历史文化背景下,用自己独特的生活方式创造出了该群体独有的特色物质文化和精神文化。"不同的文化体系蕴含着不同的思维方式,它构成了一个民族或一个群体的思维传统,从而成为一个民族或一个群体'精神遗传'最根本的内容。"④ 因此,每个民族的思维方式都有其必然性和合理性。

国内对思维方式的研究时间并不长,有学者做了这样的总结:"在过去五十多年里,对我国哲学认识论研究来说,对'思维方式'这个术语,从陌生、似乎可以不屑一顾,甚或认为它有违已有的认识论理论,到承认它的客观存在,对'思维方式'概念予以确认,并承认它在认识和处理客观事物中不可或缺的作用,看到了它的优劣对社会主义事业的成败、对国家前途的巨大作用,再到要从理论上进一步研究它,探讨它的机理,等等,这不能不

---

① 《马克思恩格斯选集》第4卷,人民出版社,1995,第284页。
② 莫日根巴图、张晓芒:《试论逻辑文化与民族思维方式》,《内蒙古民族大学学报》(社会科学版)2012年第6期。
③ 张晓芒、郑立群:《如何对待中国古代逻辑思想研究》,《湖北大学学报》2011年第1期。
④ 陈中立、杨楹、林振义、倪健民:《思维方式与社会发展》,社会科学文献出版社,2001,第122~123页。

说是一个巨大的进步,一个翻天覆地的变化。"① 随着社会和时代发展,人们更深刻地认识到了思维方式与社会发展的相互制约、相互促进的互动关系,更深入、系统、广泛地研究思维方式问题。在这不同国家、不同区域、不同民族、不同文化互相接触、互相交流、互相影响日趋明显的当今社会,对不同民族思维方式进行多方位、多视角的研究,不仅有学科研究的需要,也有时代发展的需要。

三 逻辑思想

截至目前,对于"逻辑思想"这一概念没有较为明确的权威定义。笔者认为,对有效沟通交际的思维工具系统有一定的自觉的认识和阐述,均可纳入逻辑大家族,尽管不是严格意义和系统的逻辑学,可统称为逻辑思想。

古代蒙古族没有专门研究逻辑的学问,亦即逻辑学。但是在特定的自然、历史文化背景下,古代蒙古族先民认识世界、看待问题、表达和论证思想观点具有自己独特的方式方法。因此,本书研究的古代蒙古族逻辑思想包括古代蒙古族甚至是更早时期的蒙古先民的说理方式、思维方式、思维特征等内容。

第二节 古代蒙古族逻辑思想研究的必要性和重要性

一 拓展逻辑学发展方向,更广泛地体现逻辑学的价值

经过多年的发展,逻辑学呈现出多元发展的趋势,出现很多逻辑分支或逻辑类型,成为一个庞大的系统,并在不同的领域发

---

① 陈中立、杨楗、林振义、倪健民:《思维方式与社会发展》,社会科学文献出版社,2001,第4页。

挥着不可替代的作用。与传统逻辑比较，现代逻辑虽然成为当今逻辑学发展的主流，其严密性、先进性以及在现代哲学、数学、计算机、认知科学等领域的广泛应用和所发挥的重要作用毋庸置疑。但是，我们也应该认识到一门学科的持续发展，要考虑它的适应群体和研究目的。论及此，必须提一下非形式逻辑领域被广为引证的卡亨的一段话：

>在几年以前的课堂上，当我正要结束（对我来说）迷人的、复杂的谓词逻辑的量词规则的时候，有个学生嫌恶地问道：他花了整整一个学期所学的东西，与诸如约翰逊总统决定再次升级越南战争的问题有何关系。我喃喃无语，就约翰逊方面说是糟糕的逻辑，然后就表示，逻辑导论不是这类课程。学生接着问道，什么课程处理这种事务。我不得不承认，就我所知，还没有这样的课程。这个学生想要今天大多数学生想要的一门与日常推理相关的课程，一门与他们听到、看到的各种论证相关的课程，这些论证的内容涉及到种族、污染、贫困、性别、核战争、人口爆炸以及在20世纪后半叶人类所面临的所有其他问题。①

与此相同，吴家国教授也曾提及在国内发生的类似情况：

>1999年12月12日，为了纪念"学术百年"、面向社会宣传逻辑学，北京逻辑学会举办了一场逻辑报告会，除专业逻辑工作者参加外，还公开售票，欢迎对逻辑学感兴趣的人们参加。会上，逻辑工作者发言十分踊跃。然而，在会议结束时有一位中年女同志站起来发了言，她深沉地说：我是花

---

① 武宏志、周建武、唐坚：《非形式逻辑导论》，人民出版社，2009，第28~29页。

钱买票来听讲的，本想学点逻辑知识对工作有用，可是，听了以后感到听不懂，不知道逻辑学对我有什么帮助。我很失望。①

这些事例，充分说明了逻辑学发展过程中的一个不尽如人意的方面，甚至可以说不平衡发展的不足。在这种逻辑学与人们现实生活、思维实践严重脱离的情况下，首先从北美兴起批判性思维运动，从而推动了非形式逻辑的发展。武宏志、周建武、唐坚在《非形式逻辑导论》一书绪论中大量转述国外部分逻辑学家的论述，指出数学逻辑（即通常说的数理逻辑——引者）的特征及非形式逻辑学家对数学逻辑的批评，提出了"逻辑学的实践转向"。② 目前，非形式逻辑与批判性思维的教学与科研工作得到了高度重视并广泛推广，取得了较好的成效。

鞠实儿教授曾提出："假定存在一个逻辑类型，它或者是新的或已知的。如果它取代另一逻辑类型而成为被关注的主流，则称这一历史事件为逻辑学转向。"并在该文中提出了逻辑学的认知转向。③ 陈慕泽教授在《逻辑的非形式转向》一文中首先确认逻辑以研究推理和论证为总体目标，进而解释了逻辑转向的三个意思："第一，促使逻辑学在某一阶段发展的动力，有别于上述总体目标；第二，逻辑学在此种转向目标的推动下，取得了长足的实质性的进展；第三，此种进展不但对实现其转向的目标，而且对实现逻辑学的总体目标有重要的意义。"④ 逻辑学的这些发展方向的转变为不同民族思维方式的研究提供了重要启发和理论依据。

陈波教授在探讨"逻辑的可修正"问题时指出了"作为研究

---

① 吴家国：《逻辑学的民本思考》，人大复印报刊资料《逻辑》2005年第1期。
② 武宏志、周建武、唐坚：《非形式逻辑导论》，人民出版社，2009，第28页。
③ 鞠实儿：《论逻辑学发展的方向》，《中山大学学报》（社会科学版）2003年增刊。
④ 陈慕泽：《逻辑的非形式转向》，人大复印报刊资料《逻辑》2006年第3期。

对象的逻辑"和"作为理论形态的逻辑"的区别:"前者(指作为研究对象的逻辑——引者) 就是我们在实际使用着的逻辑,这是一种客观形态的东西。有没有这样的逻辑存在,是有争议的。如果有这种逻辑的话,它大概存在于人类的语言实践和思维实践中,并且与人类所面对的外部世界也有某种关联。于是,'作为理论形态的逻辑',就是对这种逻辑的描写、刻画或重构;它们是一种'发现'而不是'发明';发现就含有描述性成分,就有真假对错之分……由此引出一连串复杂的哲学问题。当我说'逻辑是可修的'时候,我不是指客观形态的逻辑,这种逻辑是'存在'那里、'摆'在那里的东西,无法修正;至于它究竟是什么样子,则见仁见智,难以获得统一的见解。可以修正的只能是'作为理论形态的逻辑',即逻辑学家所构造的、并获得公认的逻辑学说和逻辑系统。"① 不同民族的思维方式就是存在于不同民族语言实践和思维实践中,并在他们认识世界、表达和交流思想等与外部世界发生一切关系时具有密切关联、起重要作用的一种实际的思维现象,可视为该民族"作为研究对象的逻辑"。

以逻辑学视角,用逻辑学理论,研究不同民族思维方式及其特点,掌握其认识世界、论证观点、交流思想的基本规律,总结不同民族有效交际过程中的主导推理形式,并与逻辑一般规律以及各民族传统思维方式进行比较等,都可谓是逻辑学今后在逻辑与文化的互动视域下值得研究的新领域,也是解决逻辑脱离人们思维实际不足的有效途径之一,同时能够充分发挥逻辑科学在不同民族思维实践中的重要作用,体现其应用价值。

二 拓宽中国逻辑史的研究领域,丰富中国古代逻辑思想

西方逻辑传入中国之后,中国有识之士大量介绍、学习西方

---

① 陈波:《"逻辑的可修正性"再思考》,《哲学研究》2008 年第 8 期。

逻辑的同时，围绕"中国古代有没有逻辑""逻辑在中国历史上的状况应当如何认识与评价"的问题开始了中国逻辑史的研究。经过一个世纪以来几代学者的辛勤劳动和不懈努力，中国逻辑史的研究取得了丰硕成果，对中国逻辑史的研究对象形成共识，研究方法进一步科学化，研究成果可谓是洋洋大观。

不同时期、不同地域的逻辑思想是逻辑史研究的重要内容之一。中国古代有丰富的逻辑思想，其中由于中国古代的历史发展本身就是一个不同民族不断交融的过程，其历史的发展演变中当然也包括了不同民族的历史文化的持续融合过程。因此，研究中国古代的逻辑思想，理应包括在不同历史文化背景下形成的不同民族的逻辑思想。不同民族的思维方式不能说是不同的逻辑，但它是逻辑思想的核心内容之一，在不同民族群体的思维实践中占主导地位并发挥着重要作用，体现丰富的逻辑思想。我们应该通过学习、研究不同民族思维方式来探究其规律性的因素，通过比较研究，丰富中国的古代逻辑思想。蒙古族是我国具有悠久历史的少数民族之一，长期以来在以蒙古高原为中心的北方辽阔草原依靠游牧经济生息繁衍，创造了有别于中原农业文明的草原文化，形成了独具特色的蒙古族思维方式。蒙古人的为人处世方式与汉族人有别样的一面。那么这是为什么？这种特征是怎么形成的？这些问题要从古代蒙古族的历史文化背景着手，进行全方位、系统的研究，并与汉族古代逻辑思想进行比较，分析与汉族及其他民族思维方式的相互影响、相互作用等。

逻辑与文化具有密不可分的互动关系。张东荪先生进行了逻辑与语言结合的研究，提出了自己关于逻辑与文化之间关系的观点，有人称之为"文化主义逻辑观"。他认为："逻辑是由文化的需要而逼迫出来的，跟着哲学思想走。这就是说逻辑不是普遍的与根本的。并且没有唯一的逻辑（logic as such），而只有各种不同的逻辑。"① 崔清田教授则在中西逻辑比较研究中充分阐明了逻辑与文化之间的互动关系。他指出:"逻辑与文化存在着不容忽视的客观联系。这种联系是由文化的整体性,以及包括逻辑思维在内的思维方式在构成文化整体的诸要素中的特殊地位所决定的。逻辑与文化的关系既表现为文化的整体特征和需求对逻辑的制约,也表现为逻辑对文化发展的影响。文化对逻辑的制约,决定了由特定历史阶段的特定文化所孕育出的不同逻辑传统,既有共同性的一面,又有特殊的一面。"② 鞠实儿教授在《逻辑学的问题与未来》一文中指出,在某一文明内部,由不同的人群所创造的不同或具有显著差异的物质和精神产品构成不同的文化。不同的文明可以具有不同的逻辑。③

众所周知,中国逻辑学界"大逻辑观"与"小逻辑观"之争可以说至今还没有彻底结束。我们虽然没有将大逻辑观扩大化,持不同的民族都有不同的逻辑,或者不同民族的思维方式就是不同的逻辑的观点。但是,从中国特殊的历史文化背景出发,将不同民族的思维方式或不同文化群体的说理方式作为中国古代逻辑思想的组成部分进行研究是很有必要的。布留尔将原始人的思维称作"原逻辑的思维",他在《原始思维》中指出:"把原始人的思维叫做原逻辑的思维,这与叫它神秘的思维有同等权利。……它(指原始人的思维——引者)不是反逻辑的,也不是非逻辑的。"④ 一个民族的思维方式或一个文化群体的说理方式可以说是他们的逻辑思想的核心内容,它体现着一个文化群体在认识客观事物、表达思想、论证观点等方面的规律、规则、程序、步骤、手段等共同的思维特点和思维趋向。将不同民族的思维方式或不

---

① 张汝伦:《理性与良知——张东荪文选》,上海远东出版社,1995,第387页。
② 崔清田:《墨家逻辑与亚里士多德逻辑比较研究》,人民出版社,2004,第156页。
③ 鞠实儿:《逻辑学的问题与未来》,《中国社会科学》2006年第6期。
④ 〔法〕列维-布留尔:《原始思维》,丁由译,商务印书馆,1981,第71页。

同文化群体的说理方式纳入中国逻辑史研究范畴,能够丰富中国古代逻辑思想,体现我国多民族的文化、思维相互影响、交融一体的特点,对中国逻辑史研究具有非常重要的意义。

三 有利于不同民族之间的文化交流和民族文化发展,促进社会和谐发展

当今社会科学技术突飞猛进,信息传播方式不断进步,不同国家、不同民族之间的文化交流日趋频繁。不同民族文化从表面上看,有很多显现的、可感知的差异,而其最本质的差异潜在于一种文化的深层次。这里包括在漫长的历史过程中积淀的文化理念。这种理念在不同民族政治、经济、历史、文学、艺术、道德、宗教、风俗、语言文字等诸多领域起作用并处处得到体现。一个民族或一种文化群体的思维方式以及说理方式贯穿于该文化体系中,有学者称之为文化的"本"和"纽带",认为在思维方式的作用下各种具体文化形态和形式联结成一个有机整体。不同文化群体之间或不同说理方式的人群之间的交流与互动,可以视为一种跨文化的论证。评价一个论证的好坏,有很多不同的标准。从非形式逻辑标准分析,其要素——"论证者"与"目标听众"至关重要。所谓论证者"就是指提出论证的人"。所谓目标听众"即是指论证者试图说服的听众"。① 面对不同民族文化群体之间或不同说理方式的人群之间的跨文化互动,不仅要考虑论证形式的共性,更要考虑涉及论证者和目标听众的文化差异性。

和谐社会需要人与自然、人与人、人与社会的和谐。和谐社会是通过社会主体——人的行为得以实现的,只有人人保持人与自然、人与人、人与社会的和谐,社会才能够和谐发展。每个人的行为都受其思维方式的制约,是思维方式的具体表现,一个民

---

① 熊明辉:《逻辑学导论》,复旦大学出版社,2012,第42~43页。

族、一个国家也是如此。国与国、民族与民族之间在交流、交往过程中，能够多一些和谐、少一些冲突，其重要的前提之一就是对彼此思维方式的全面、正确了解。因此，对不同民族的思维方式进行认真研究，正确认识、全面了解不同民族文化各层面的具体状态及其历史演变，把握其文化的特质思维方式背后深层次的因素，是社会和谐发展的时代需要。

鞠实儿教授曾提出"广义论证"①概念，扩大了逻辑家族成员，在广义论证的框架内考察不同文化群体的说理方式以及具有不同说理方式的人群之间的交流方式，将不同文化群体的说理方式纳入逻辑家族。广义论证不仅考虑到论证中的语境变量，而且还将文化作为变量引入逻辑学的研究领域；强调博弈参与者的文化隶属关系对论证活动的作用，从而允许我们在广义论证的框架内考察不同文化群体的说理方式，以及具有不同说理方式的人群之间的交流方式。由于参与者的社会文化隶属关系对论证的实施方式和论证结果的可接受性有直接的制约作用，事实上，如果博弈者使用的规则不被他们所属的文化群体认可，博弈的结果将不会被相应的群体所接受，所以也就没有规范性。这一理论的提出对于逻辑学发展和不同民族文化交流与发展都具有重要意义。只有在这样的理论指导和"文明平等原则"②下，不同民族之间才能够顺利有效地交流，也只有在这样的原则下，不同民族文化才能平等、协调发展。

第三节 古代蒙古族逻辑思想研究概况

目前，对古代蒙古族逻辑思想的研究特别是系统研究古代蒙

---

① 鞠实儿：《论逻辑的文化相对性——从民族志和历史学的观点看》，《中国社会科学》2010年第1期。
② 鞠实儿：《逻辑学的问题与未来》，《中国社会科学》2006年第6期。

古族逻辑思想的学者和专门研究成果很少。但相关学科和视角研究蒙古族逻辑思想相关问题的研究成果和学者还是比较丰富的，这对于我们的研究具有较强的参考价值。

一 从文化视角的研究

内蒙古师范大学的图·乌力吉教授，以文化作为切入点，系统研究古代蒙古人的思维，撰写了一系列专著。《古代蒙古人文化思维》（内蒙古大学出版社，1997）是图·乌力吉教授的博士学位论文，更是之后系列研究成果的总纲性成果。该著作在比较西方学者关于文化思维研究成果的基础上，重点阐述了古代蒙古族文化思维的发展历程和规律。具体内容涉及了古代蒙古族原始宗教信仰问题，包括"腾格里"崇拜、图腾崇拜等诸多具有原始思维的内容，同时从神话和岩画的相关资料记载分析古代蒙古族的文化思维，可谓是从文化视角研究古代蒙古族思维特征的里程碑式著作。从时间跨度上，没有仅限于蒙古族活跃于历史舞台的13世纪前后，而是将古代蒙古人的思维放在更早的"史前时期"进行研究。这也是研究"古代蒙古族逻辑思想"时间跨度上的启发和考量原因。图·乌力吉教授以《古代蒙古人文化思维》为基础，继续深入研究并撰写了《古代蒙古人萨满文化思维》（内蒙古教育出版社，2006）、《古代蒙古人生态文化思维》（内蒙古教育出版社，2010）、《古代蒙古人图腾文化思维》（内蒙古人民出版社，2013）等，这些著作自成系统，成为古代蒙古人文化思维研究方面的前所未有的历史性成果。

格·孟和教授《蒙古文化概论》从蒙古文化的根源、定义开始，系统研究了蒙古文化，其中专门有一章为"蒙古传统思维方式"。该著作首先分析蒙古传统思维方式形成的条件，分别阐述了"原始朴素追根溯源思维方式""直观与悟性相结合的经验思维方式""玄虚巧妙的宗教思维方式""形象和抽象结合的辩证思维方式""神奇而实用的创新思维方式"。①

蒙古国著名学者沙·毕热编著的《蒙古文化史》（民族出版社，2010）虽然是文化学的著作，但其中蒙古族原始宗教信仰部分内容对本课题的研究具有较强的参考价值。在今后的深入研究中笔者可以进一步学习借鉴其中更多的观点和论述。

二 从哲学视角的研究

格·孟和教授在《蒙古哲学概论》（辽宁民族出版社，2018）中系统阐述蒙古哲学的定义、来源，明确回答了"蒙古族有无哲学"的问题，阐明蒙古哲学的表现形式，并用50多万字的丰富内容详细论述了蒙古哲学思想产生、发展的历史进程及主要人物。

蒙古国德·达希普日布在《蒙古哲学史的概要》（内蒙古人民出版社，2015）中将蒙古哲学从时间上分"远古蒙古人前哲学思想（不明时期至公元前3世纪）""古代蒙古人永恒哲学思想（公元前3世纪至12世纪）""成吉思汗时期蒙古人哲学思想（1206~1260）""元朝时期蒙古人哲学思想（1260~1368）""蒙古汗国时期蒙古人哲学思想（1368~1758）""清朝统治时期蒙古哲学、政治、社会思想（1758~1911）""圣汗蒙古国时期社会意识、思想改革（1911~1921）""社会主义蒙古哲学思想（1927~1990）""新世纪蒙古哲学开端（1990之后）"等九个阶段进行系统阐述，其中前哲学思想的观点和论述对本课题研究有很直接的启发作用。

特·额尔敦陶克套从哲学角度对蒙古族思维进行理论研究，也取得了较好的成绩。研究著作有：《蒙古族传统形象思维》（与满都夫合著）、《蒙古族传统理论思维》、《游牧思想论——以蒙古人的传统理性认识为中心》（与齐秀华合著）、《游牧社会形态

---

① 格·孟和：《蒙古文化概论》，辽宁民族出版社，2016，第429~474页。

论》等。

另外,王福革副教授系统研究蒙古族传统思维方式,发表的论文有:《草原文化的思维方式》《蒙古族传统思维方式研究》《蒙古族汗权文化时期哲学思维方式》《蒙古族英雄文化时期哲学思维方式研究》《蒙古族民众文化时期哲学思维方式研究》《古代蒙古族法治思维方式研究》《蒙古族传统文学思维方式研究》《古代蒙古汗国经济治国思维方式研究》等。

蒙古族历史、伦理思想方面的研究,也从不同角度、不同层面探讨了蒙古族思维方面的问题,对蒙古族逻辑思想的研究有一定的参考价值。例如,斯仁所著《蒙古族传统伦理要义》。

与此相比较,中国古代逻辑思想和逻辑史以及汉族思维方式的研究不管是研究时间、研究角度还是研究深度、研究广度,都明显领先于蒙古族逻辑思想的研究,这对本书的研究具有较强的理论指导和方法论意义。逻辑学界关于逻辑与文化的关系、非形式逻辑等理论和观念,对不同民族思维方式的研究提供了理论前提和观念性基础。张东荪先生的"文化主义逻辑观"开辟了逻辑与文化之间关系的研究历程。崔清田教授更为全面、系统地研究了逻辑与文化的关系,不仅看到文化对逻辑的制约,同时强调了逻辑对文化的影响。近几年,鞠实儿教授提出逻辑学发展方向转变的观点和"广义论证"概念,在广义论证的框架内考察不同文化群体的说理方式以及具有不同说理方式的人群之间的交流方式,将不同文化群体的说理方式纳入逻辑家族,坚持不同的文明可以具有不同逻辑的观点。经过多年的发展,逻辑学的发展方向出现了认知转向和非形式转向,熊明辉教授将论证者与目标听众、论证目的纳入论证要素之中,进行识别论证和评价论证,强调在论证过程中的非形式因素。这些理论观点,启发我们研究古代蒙古族怎样认识事物,看待事物,如何表达思想、论证观点等,对古代蒙古族逻辑思想研究具有很强的理论指导意义。

从 20 世纪 80 年代开始，在钱学森先生的倡导下，我国产生了思维科学。但是，当时出版的思维科学著作很少谈及思维方式问题，更多的是思维的定义、性质、类型等基础性内容。其中，唯独陈新夏、郑维川、张保生的《思维学引论》[①] 一书涉及思维方式的问题。进入 21 世纪之后，人们对思维方式在社会进步和经济发展等重要领域中作用的认识进一步提高，将思维方式与社会发展和现代化建设紧密联系，研究思维方式及思维方式的创新和现代化。后期著作中，陈中立、杨楹、林振义、倪健民的《思维方式与社会发展》[②] 对思维方式进行了详细、系统的研究和论述。这些专著对本书的写作提供了认识论、方法论的指导与启发。另外，从哲学角度结合文化学研究中国传统思维方式的著作对本书的构思、分析、研究提供了很大启发。主要有：辜鸿铭的《中国人的精神》[③]、张岱年等人的《中国思维偏向》[④]、罗炽等人的《易文化传统与民族思维方式》[⑤] 等。从研究方法上，采用比较研究方法将中国传统思维方式与其他国家和地区的思维方式进行研究的著作，为本书的研究提供了方法论和理论指导。例如，崔清田教授的《墨家逻辑与亚里士多德逻辑比较研究》[⑥]、宋德宣、陈戣的《中日思维方式演变比较研究》[⑦]、谭元亨的《断裂与重构——中西思维方式演进比较》[⑧] 等。

三 从文献学视角的研究

研究古代蒙古族逻辑思想，《蒙古秘史》是首选的历史文献。

---

① 陈新夏、郑维川、张保生：《思维学引论》，湖南人民出版社，1986。
② 陈中立、杨楹、林振义、倪健民：《思维方式与社会发展》，社会科学文献出版社，2001。
③ 辜鸿铭：《中国人的精神》，海南出版社，1996。
④ 张岱年、成中英等：《中国思维偏向》，中国社会科学出版社，1991。
⑤ 罗炽等：《易文化传统与民族思维方式》，武汉出版社，1994。
⑥ 崔清田：《墨家逻辑与亚里士多德逻辑比较研究》，人民出版社，2004。
⑦ 宋德宣、陈戣：《中日思维方式演变比较研究》，沈阳出版社，1991。
⑧ 谭元亨：《断裂与重构——中西思维方式演进比较》，广东高等教育出版社，2007。

《蒙古秘史》扼要记录了成吉思汗祖先的系谱及他们的简单经历；详细记录了成吉思汗艰苦的童年以及其克服种种困难、英勇奋战统一散落的各部落，建立蒙古汗国，对外征战的经历；也涉及成吉思汗之子窝阔台继位及继续父亲的征战的事迹。从《蒙古秘史》的记载中，我们能够清晰地看到古代蒙古社会氏族社会——奴隶社会——封建社会的发展演变全过程；能够了解到当时的社会组织形式以及"约孙"（习惯法）、"大扎撒"（法律）等蒙古民族社会管理制度；能够概括地反映古代游牧民族生产生活方式和特点以及宗教信仰、民风习俗。《蒙古秘史》是蒙古民族历史、文学古典名著，这一结论是《蒙古秘史》研究初期阶段被广泛认可的。随着研究的深入，对《蒙古秘史》的研究扩展到了政治、经济、军事、社会、历史、语言、文学、哲学、宗教、文化等诸多领域。格·孟和教授认为："《蒙古秘史》成书于1240年，比摩尔根《古代社会》一书早637年，比《起源》（指恩格斯的《家庭、私有制和国家的起源》——引者）一书早644年。换句话说，《蒙古秘史》的作者比《古代社会》的作者早六百多年，已根据蒙古社会的客观实际，以自己特有的方式，揭示了古代社会发展的规律。《蒙古秘史》是古代蒙古社会历史的'百科全书'。"[1] 这一评价得到诸多研究者的首肯。

需要说明的是，《蒙古秘史》在某些领域的价值已超出了蒙古族这一狭小的范围，已经成为古代北方游牧民族或阿尔泰语系诸民族的古典名著。仅从语言学角度分析，研究证明，《蒙古秘史》的词汇中包含突厥语、满语、鄂温克语和蒙古语族的蒙兀尔语、达斡尔语、布里亚特语等多个民族的语言。对这些民族语言研究来说，《蒙古秘史》也是难得的语言资料库。苏联著名蒙古学专家

---

[1] 格·孟和：《〈蒙古秘史〉与摩尔根〈古代社会〉》，《内蒙古师大学报》（哲学社会科学版）1990年第4期。

符拉基米尔佐夫在研究蒙古社会制度时,将《蒙古秘史》作为仅次于拉施特《史集》之后排在第二位的重要资料,并评价说:"《秘史》(指《蒙古秘史》——引者)的特征并不在于它是一部'英雄史诗作品',而在于它是一部渗透着叙事诗风格,充满着'草原气息'的编年史。"①

《蒙古秘史》是蒙古族文字记载史的开始。蒙古族文字的产生有近千年的历史。蒙古文字的由来学界有不同的观点,普遍认可由借用畏兀儿文(古维吾尔文)而来,后人称之为回鹘蒙古文或传统蒙古文。"关于回鹘式蒙古文的渊源问题,根据文献记载和前人的研究,它是由公元前两千年前的原始塞姆字母演变流传而来的。即:塞姆字母——腓尼基字母——阿拉美字母——阿拉美叙利亚字母——景教(istori)字母——粟特字母——回鹘字母——蒙古字母。"② 语言是一个民族文化的最基础的承载者和传承者,文字是表达语言的符号。文字对人类社会文明的发展起着不可替代的作用。而《蒙古秘史》是蒙古族迄今为止发现最早的用本民族文字记录的文献,从这个意义上讲,它是蒙古族文字记载史的开始。

《蒙古秘史》是古代蒙古族文学高峰之一。《蒙古秘史》是以编年的体例,传记文学的手法,韵散结合的形式写的蒙古族古典文学经典著作。从内容上看,《蒙古秘史》包含着很多神话传说、诗歌、祝词、歌谣、散文。在语言运用和手法上,既朴实庄重又形象生动,借用很多古代神话故事的原始语言,也将有些民间的诗歌以书面化的形式记录,《蒙古秘史》中一些词句就是古代蒙古族广为流传的英雄史诗、诗歌、民谣的原词。《蒙古秘史》使用文学描写手法刻画出许多历史人物形象,成功描述了古代蒙古族生

---

① 〔苏〕Б. Я. 符拉基米尔佐夫:《蒙古社会制度史》,刘荣焌译,中国社会科学出版社,1980,第16页。
② 包力高、道尔基:《蒙古文字发展概述》,《内蒙古社会科学》1984年第3期。

产生活以及战争画面，与《格斯尔》《江格尔》一起被称为蒙古族古代文学三大高峰。为此，苏联学者Б. Я. 符拉基米尔佐夫在《蒙古社会制度史》一书中非常肯定地说："如果可以说在中世纪没有一个民族像蒙古人那样吸引史学家们的注意，那么也就应该指出没有一个游牧民族保留下像《秘史》那样形象地详尽地刻划出现实生活的纪念作品。"①

《蒙古秘史》是中世纪蒙古语的资料库。正如前面所述，将《蒙古秘史》成书年代视为1240年，距现在也有了近千年的历史。而且作为蒙古族迄今为止发现的最早的用本民族文字记录的文献，其在语言学方面的价值不言而喻。《蒙古秘史》包含有大量的中世纪蒙古语的词汇和古蒙古语的语法，随着社会发展、文化变革和时间的推移，现代蒙古语与古代蒙古语在音、义以及语法规则等方面都有了很大变化。因此，从研究古代蒙古语的词汇、语法工作来说，《蒙古秘史》也可以说是最难能可贵甚至是到目前为止唯一的文献。

另外，随着《蒙古秘史》研究的深入，其在哲学、宗教、文化、军事等更多领域的价值也开始备受关注。美国学者D. 摩尔根就曾说："历史学家如若将《蒙古秘史》作为历史事实的依据时，在某些方面有所疑虑的话，那么有一方面是肯定无疑的，那就是它深刻地描绘了13世纪蒙古社会生活制度、思维形态、宗教信仰及其汗王，是一部无可比拟的杰出巨著。"②

总之，《蒙古秘史》是蒙古族历史上最为珍贵的百科全书式的文献。《蒙古秘史》所反映的历史文化属于蒙古族纯本族文化，按姚从吾先生的话说，是："用蒙古文由蒙古人的立场，直接报道塞

---

① 〔苏〕Б. Я. 符拉基米尔佐夫：《蒙古社会制度史》，刘荣焌译，中国社会科学出版社，1980，第16页。
② 参见《蒙古人》1987年第13期。

外边疆民族生活的历史巨著。"① 因为在《蒙古秘史》成书年代，印藏文化和汉族文化几乎没有影响到蒙古族文化。后来不久，到忽必烈汗时代，建立元朝，入驻中原，藏传佛教传入蒙古，与蒙古族文化比较，相对发达的汉藏文化大大影响了蒙古族历史文化。因此，《蒙古秘史》所反映的古代蒙古族历史文化，是最为纯真的、未受外民族文化影响的蒙古族本族文化，《蒙古秘史》在整个蒙古学研究领域的文献价值无与伦比。

据有关资料记载，在我国，从明末清初，学者们就开始研究《蒙古秘史》。早期的《蒙古秘史》研究主要围绕作者、成书年代、流传版本等问题进行，逐渐从语言、文学、历史的角度研究《蒙古秘史》，这方面的研究持续时间较长，成果较丰富。随着文化学研究的发展，特别是蒙古学研究的深入，从文化学的角度，研究《蒙古秘史》中所包含的古代蒙古族文化、民俗、哲学、宗教、军事、伦理思想等成为《蒙古秘史》研究的新方向。

在《蒙古秘史》蒙古文复原方面学者们也做了大量的工作。成德公是将《蒙古秘史》还原为蒙古文的第一人。在校勘方面最具代表性的著作是成德公之子额尔登泰与乌云达赉合著的《〈蒙古秘史〉校勘本》和额尔登泰与儿子阿尔达扎布合著的蒙古文版《〈蒙古秘史〉还原注释》。另外还有查·达木丁苏荣、巴雅尔、满仓、亦邻真、双福等人的蒙古文还原译注本在学术界反响较大。

将《蒙古秘史》翻译成现代汉语方面，谢再善、道润梯步、札奇斯钦、余大钧、佚名等人的著作先后问世，近期出版的哈斯朝鲁的《蒙古秘史》蒙汉对照画册、阿斯更、特·关布扎布的通俗版《蒙古秘史》为更多读者了解《蒙古秘史》发挥了重要作用。另外，阿尔达扎布在《蒙古秘史》校勘本的基础上，于2005

---

① 姚从吾：《漫谈〈元朝秘史〉》，札奇斯钦新译并注释《蒙古秘史》，联经出版事业公司，1979，代序。

年又出版了他多年研究《蒙古秘史》的又一部巨作《新译集注〈蒙古秘史〉》。该书包括《蒙古秘史》汉译、《蒙古秘史》校勘本横排版、拉丁文转写以及《蒙古秘史》人名、部族名、地名索引,其学术含量和学术价值不言而喻。

国内《蒙古秘史》研究,可以从以下几个方面进行总结概述。

一是从语言学角度的研究。语言学家们从语言、语音、语法、词汇、修辞等角度对《蒙古秘史》创作文字、标音、语法规则、语言特点、个别词的用法和解释以及方言、古语等开展了卓有成效的研究。在《蒙古秘史》语言研究方面具有里程碑意义的成果应该属于《〈蒙古秘史〉词汇选释》(额尔登泰、乌云达赉、阿萨拉图著,内蒙古人民出版社,1980),该著作由两个部分组成。第一部分包含三个方面的内容:第一,在"《蒙古秘史》中的语音学"里,介绍了《蒙古秘史》语言在语音方面的概况,分析书面语和口语不一致现象和部分词的汉字标音问题,指出了《蒙古秘史》对了解中世纪蒙古语语音方面所起的积极作用;第二,在"《蒙古秘史》中的形态学"中,用实例说明了部分词后缀的意义、用法,动词的时态,动词、名词、形容词的复数表达形式以及个别词的使用特点等;第三,在"《蒙古秘史》中的突厥语词"里,阐述了《蒙古秘史》中突厥语的使用、所起的作用以及突厥语借词的一些问题,这一部分内容,涉及《蒙古秘史》语言研究的很多理论问题,也提出了作者在这方面研究的独到见解,为后人从事《蒙古秘史》语言研究指明了方向,提供了参考。在第二部分里,作者对《蒙古秘史》1018个词汇做了注释。该著作现在已成为《蒙古秘史》研究者必备的工具书。从此,也能看出该著作在《蒙古秘史》研究中的分量和价值。布仁巴图教授的最新研究成果《〈蒙古秘史〉词汇研究》[①]对《蒙古秘史》词汇的结构、

---

① 布仁巴图等:《〈蒙古秘史〉词汇研究》,内蒙古大学出版社,2018。

特殊用词、专用名词进行了系统研究。

二是从文学角度的研究。《蒙古秘史》的文学研究首先是从其"文学性"研究开始的。巴·苏和教授从"《蒙古秘史》的整体结构和性质""《蒙古秘史》中所反映的思维特点""《蒙古秘史》艺术特点和文学形式"等几个方面总结了学者们如何论证和评价《蒙古秘史》的文学性情况。① 如前述,巴雅尔教授曾评价:"从文学的角度看,它(指《蒙古秘史》——引者)是一部堪与汉族的《史记》、《左传》、《战国策》相媲美的文学作品。"②《蒙古秘史》在蒙古族文学史上的无可估量的价值得到国内外蒙古学学者的高度评价,其所包含的神话、传说、诗歌以及丰富的语言和所塑造的一个又一个人物形象深受广大读者的欢迎,与《格斯尔》《江格尔》一起被称为蒙古族古典文学三大高峰。一生潜心研究《蒙古秘史》的额尔登泰先生在《〈蒙古秘史〉词汇选释》一书的前言中写道:"《蒙古秘史》也是一部动人心弦的口头文学的杰作,它惟妙惟肖地描绘了古代蒙古社会中各种人物的形象,也反映了社会生活中各方面的状况,而汇成了一幅生动的图画。"③

在确立了《蒙古秘史》的文学性和在蒙古族文学史上的地位和价值之后,学者们对《蒙古秘史》的文学研究进行得更为积极、活跃。有学者首先从传说学的角度,结合古代北方神话故事、蒙古族图腾崇拜、宗教信仰等诸多因素,对《蒙古秘史》中孛儿帖·赤那、豁埃·马澜勒神话、阿阑·豁阿无丈夫生子、阿阑·豁阿训子、都蛙·锁豁儿神话等进行了集中研究,很多学术论文和相关专著相继问世。这方面代表作可以提及呼日勒沙教授的《蒙古神话新

---

① 巴·苏和:《20 世纪中国的〈蒙古秘史〉文学研究概述》,《民族文学研究》2002 年第 2 期。
② 巴雅尔转写:《蒙古秘史》,内蒙古人民出版社,1980,第 88 页。
③ 额尔登泰、乌云达赉、阿萨拉图:《〈蒙古秘史〉词汇选释》,内蒙古人民出版社,1980,前言。

探》①和《蒙古神话传说的文化研究》②、德·达林泰的《〈蒙古秘史〉神话研究》③、那木吉拉教授的《狼图腾——阿尔泰兽祖神话探源》④等。从诗学的角度，学者们对《蒙古秘史》中的诗歌进行了分析研究。"巴·布林贝赫教授的《〈蒙古秘史〉的诗学特点》是反映这一方面研究领先水平的研究成果。"⑤ 再次，从美学角度，广泛研究了《蒙古秘史》所反映的古代蒙古族审美意识、审美观和相关习俗。另外，对《蒙古秘史》塑造的各种人物形象的研究也是《蒙古秘史》文学研究的一大特点和重要内容之一。

三是从历史学角度研究。历史学家们围绕《蒙古秘史》名称的由来、为何称之为"秘史"，《蒙古秘史》的性质、价值、作者、写作年代，《蒙古秘史》所记载的13世纪蒙古历史上的重大事件、氏族、部落等史料以及军事思想、人名、地名古今考证等问题进行了研究。《蒙古秘史》在科技史上的价值也引起学者们的注意，李迪教授在首届《蒙古秘史》国际学术讨论会上发表的论文《〈蒙古秘史〉的科技史价值》以全新的内容和视角在《蒙古秘史》历史学研究领域独树一帜，受到国内外学者的广泛关注。

四是从文化学角度的研究。随着国际国内文化学研究的深入，不少学者将文化学的研究方法运用到了《蒙古秘史》研究，为整个《蒙古秘史》学带来了新的活力。瓦·赛音朝克图的《〈蒙古秘史〉的文化阐释——历史人类学研究》（蒙古文版，《本土文化丛书——本土人类学的目光》系列著作之一）⑥、那·斯仁的《〈蒙古秘史〉伦理思想研究》⑦、阿·朋斯格的《〈蒙古秘史〉风俗研究》⑧等专著以及相关

---

① 呼日勒沙：《蒙古神话新探》，民族出版社，1996。
② 呼日勒沙：《蒙古神话传说的文化研究》，辽宁民族出版社，2004。
③ 德·达林泰：《〈蒙古秘史〉神话研究》，内蒙古人民出版社，2005。
④ 那木吉拉：《狼图腾——阿尔泰兽祖神话探源》，民族出版社，2009。
⑤ 巴·苏和：《20世纪中国的〈蒙古秘史〉文学研究概述》，《民族文学研究》2002年第2期。
⑥ 瓦·赛音朝克图：《〈蒙古秘史〉的文化阐释——历史人类学研究》，内蒙古人民出版社，2006。
⑦ 那·斯仁：《〈蒙古秘史〉伦理思想研究》，内蒙古人民出版社，2007。
⑧ 阿·朋斯格：《〈蒙古秘史〉风俗研究》，内蒙古人民出版社，2010。

学术论文，对《蒙古秘史》所反映的古代蒙古族的社会制度、政治、经济、军事以及各种风俗习惯进行了多角度、宽领域的研究。

五是从哲学角度的研究。从哲学角度研究《蒙古秘史》的历史很短，格·孟和教授主编的蒙古文版《蒙古哲学史》[①] 可谓从哲学角度研究《蒙古秘史》的集大成者。该著作作为高校统编教材，对《蒙古秘史》的哲学范畴"腾格里"等基本概念进行了较全面深刻的分析，阐述了以成吉思汗为代表的古代蒙古族的哲学思想。满都夫的《〈蒙古秘史〉的思维形式》一文，虽然更多是从文学角度分析《蒙古秘史》的思维表达方式，但也涉及古代蒙古人如何认识事物、表达思想等哲学问题。文章认为，《蒙古秘史》的思维方式就是形象思维，"对理论思维还没有产生之前的十三世纪的蒙古族来说，形象思维是他们掌握真理和理解哲理的最基本的思维表达方式，既有直接利用自古代以来即成的形象化的思维材料，又有人们在现实关系的感性具体认识基础上形象地概括的新的真理性认识及其思想"[②]。虽然作者的观点有待进一步斟酌和推敲，但是，对从哲学角度研究《蒙古秘史》工作给予很大的启发。

六是从文献学角度的研究。甄金曾将《蒙古秘史》的标题、作者、原文和版本源流，写作目的、背景、时间、地点和意义，汉译的目的、背景、时间、地点和意义，《蒙古秘史》与东、西方有关古典史籍间的关系等高度概括为"蒙古秘史学"的文献学，并总结这方面的研究工作，于1996年出版了《蒙古秘史学概论》[③]一书。另外，成德公家族为《蒙古秘史》文献学研究方面做出了重要贡献：1917年，成德公从俄国蒙古学家扎木查拉诺手中得到叶德辉本《蒙古秘史》，并用蒙古文进行还原，这部手稿一直收藏于当时苏联科学院列宁格勒东方学研究所图书馆。蒙古国著名学

---

① 格·孟和:《蒙古哲学史》，内蒙古人民出版社，1995。
② 满都夫:《〈蒙古秘史〉的思维形式》，《内蒙古社会科学》1993年第3期。
③ 甄金:《蒙古秘史学概论》，内蒙古教育出版社，1996。

者达木丁苏荣曾阅读并研究成德公蒙古文还原本的一个抄本,并在1947年用蒙古文翻译出版《蒙古秘史》。此后,成德公之女罕达苏荣于1997年在蒙古国乌兰巴托影印出版了成德公《蒙古秘史》蒙古文还原本。成德公之子额尔登泰先生,从20世纪60年代开始专门研究《蒙古秘史》,主要从版本校勘着手,与乌云达赉先生合作,从各种版本中选取错讹较少的《四部丛刊本》为底本,以钱大昕本和叶德辉本为参考,对《蒙古秘史》所存在错字、脱落、颠倒、衍文、错断等进行了彻底的校勘,于1980年出版了《〈蒙古秘史〉校勘本》。同时,额尔登泰与乌云达赉、阿萨拉图合著的《〈蒙古秘史〉词汇选释》一书,对《蒙古秘史》中的古语、疑难词进行了考释,对于困扰学界多年的不少古语、疑难词做出了解释。额尔登泰之子阿尔达扎布先生,在《蒙古秘史》研究领域取得了很大的成就,先后出版了《〈蒙古秘史〉还原注释》《新译集注〈蒙古秘史〉》,蒙古文版的《〈蒙古秘史〉还原注释》等。朝格都那仁最新研究成果《〈元朝秘史〉版本及序跋研究》(2018)在蒙古国乌兰巴托用传统蒙古语和西里尔蒙古语两种文字出版,较为系统介绍了《蒙古秘史》各种版本及其手抄本、序跋情况。

七是从军事学的角度研究。有学者认为《蒙古秘史》是一部战争史,是珍贵的军事典籍和军事学术遗产[①],并对《蒙古秘史》军事思想进行探讨和研究。

笔者的博士学位论文《古代蒙古族逻辑思想研究——以〈蒙古秘史〉为例》,从逻辑学视角,以《蒙古秘史》作为重要文献依据,研究了古代蒙古族思维方式,探讨古代蒙古族思维特征。并于2014年正式出版了学术专著《〈蒙古秘史〉逻辑思想研

---

① 赵智奎:《〈蒙古秘史〉军事思想初探》,《内蒙古师大学报》1985年第1期。

究》①,填补了从逻辑学角度研究《蒙古秘史》的空白,也填补了蒙古族逻辑思想研究领域的空白。

作为古代蒙古社会历史的"百科全书"式的经典著作,《蒙古秘史》19世纪中叶以后传播到海外,引起了国外蒙古学学者的极大兴趣。《蒙古秘史》引起国外学者的注意,应该归功于俄国的帕拉基·卡法罗夫。据苏联学者H.雅洪托娃介绍,1866年,当时俄国东正教驻北京传道团团长、大主教帕拉基·卡法罗夫在使团的《俄国北京传教会教士著作集》第四卷中,发表了《元朝秘史》的俄文译本。译文的导言部分介绍了《蒙古秘史》在中国的起源和转译情况,注释部分对特殊的汉字做了说明和注解。后来1872年卡法罗夫又买到了十五卷本《蒙古秘史》汉字音写蒙古文的抄本,依据此本搞了一个俄文转写本,并翻译了一部分。由于卡法罗夫发表了《蒙古秘史》俄文译本,"历史学家们才有幸获得有关蒙古史中关键时期的极有价值的史源"②。之后,波兹德涅耶夫、B.巴托尔德、Б.符拉基米尔佐夫、N.鲍培、札姆察朗诺、柯津等人做了相关研究。自"1962年,出版了列宁格勒大学图书馆藏的《元朝秘史》抄本(十五卷本)的影印本"③之后,苏俄更多学者从语言、文学、历史等角度对《蒙古秘史》进行了卓有成效的研究。

日本是系统、细致、高水平研究《蒙古秘史》的国家之一,日本学者对《蒙古秘史》的研究已有了百余年的历史。迄今为止,《蒙古秘史》除了蒙、汉文译本之外,还有俄、法、德、英、捷、匈、保、土、日等多种文字的译本,多个国家和地区的学者积极从事《蒙古秘史》研究,《蒙古秘史》研究已成为国际性的课题。有学者将《蒙古秘史》的国际研究进行如下分类:"以英、美、德、法为中心的西方研究,以日本、朝鲜、澳大利亚为中心的东

---

① 莫日根巴图:《〈蒙古秘史〉逻辑思想研究》,辽宁民族出版社,2014年。
② 〔苏〕H.雅洪托娃:《俄苏的〈蒙古秘史〉研究》,《蒙古学资料与情报》1989年第1期。
③ 〔苏〕H.雅洪托娃:《俄苏的〈蒙古秘史〉研究》,《蒙古学资料与情报》1989年第1期。

方研究,以东西方分界线为中心的俄罗斯、蒙古、中国的研究等三大部分。"①

罗依果研究员《〈蒙古秘史〉研究史概述》②较为全面地汇总了《蒙古秘史》转写本和译本,具有很高的资料价值,也从另一个角度很好地体现国际上《蒙古秘史》研究广泛程度。节录如表1-1、1-2、1-3 所示。

表1-1 转写本(按时间排序)

年 份	作 者	备 注
1872~1878	帕拉迪	未发表手稿
1920	伯希和	完成转写手稿
1935	海涅什	
1937	海涅什	第二版
1939	服部四郎、都嘎尔扎布	竖体蒙古文版,只有第一卷
1941	柯津	
1942	白鸟库吉	
1949	伯希和	
1962	海涅什	1937年版重印本
1964	李盖提	
1971	李盖提	第二版(见1964年)
1972	罗依果	
1980	巴雅尔	竖体蒙古文版和音写本
1984~1989	小泽重男	拉丁转写本和竖体蒙古文版
1985	达希策登	
1986	额尔登泰、阿尔达扎布	竖体蒙古文版
1987	亦邻真	竖体(畏兀体)蒙古文版
1990	苏米雅巴特尔	竖体蒙古文版
1997	斯特里特	
2001	栗林钧、确精扎布	

---

① 乌日图那苏图:《日本学者眼中的〈蒙古秘史〉》,内蒙古人民出版社,2013,第1页。
② 格日乐:《蒙古学研究年鉴》,内蒙古社会科学院《蒙古学研究年鉴》编辑部,2010,第215~217页。

表1-2 译本（按时间排序）

年 份	作 者	备 注
1872~1878	帕拉迪	俄文版，未发表手稿
1880	波兹德涅耶夫	俄文版，只有第一卷
1907	那珂通世	日文版
1917	成德公	现代竖体蒙古文版
1940	贺希格巴图	手写稿，仅有第一部分（1~153节）
1941	海涅什	德文版
1941	柯津	俄文版
1941	金永昌	手写稿
1941	布和贺希格（梁翠轩）	手写稿
1941	小林高四郎	日文版
1943	那珂通世	1907年版的第二版
1947	达木丁苏荣	手写稿
1948	海涅什	1941年版的第二版
1948	伯希和	法文版，仅有1~6卷
1948	铁米尔	土耳其文版
1948	达木丁苏荣	1947年版的内蒙古蒙古文版
1950~1952	田清波	法文版，许多章节（见1953年版）
1951	达木丁苏荣	谢再善汉译本
1953	田清波	1950~1952年版的单册重印本
1955	普哈	捷克文版
1956	达木丁苏荣	1951年版汉译本，第二版
1957	达木丁苏荣	1947年西里尔蒙古文版的第二版
1957	达木丁苏荣	1947年版的内蒙古蒙古文版
1960~1962	姚从吾和札奇斯钦	汉文版
1962	李盖提	匈牙利文版
1963	岩村忍	日文版
1965	包国义（乌嫩斯钦）	英文版，仅有第九卷
1970	卡鲁金斯基	波兰文版
1970~1976	村上正二	日文版

续表

年份	作者	备注
1971~1985	罗依果	英文版
1973	柯津	1941年版，由奥勒苏菲耶娃译成意大利文
1976	达木丁苏荣	1947年西里尔蒙古文版的第三版
1978	道润梯步	汉文版
1979	道润梯步	1978年版重印本
1979	札奇斯钦	汉文版
1979	达木丁苏荣	1957年版，由马高依雅译成哈萨克文
1980	道润梯步	手写稿，未完成译稿
1981	海涅什	海西希1948年版
1981	巴雅尔	手写稿
1982	柯立夫	英文版，仅有第一卷（译文）
1984	卡恩	英文版
1984~1989	小泽重男	日文版
1981	巴雅尔	竖体蒙古文和音写本
1984~1989	小泽重男	拉丁转写本和竖体蒙古文版
1985	海涅什	1981年版的第二版
1985	满昌	手写稿
1987	道尔巴	托忒文版
1989	陶布	德文版
1990	鄂嫩	英文版
1990	纳姆吉洛夫	布里亚特蒙古文和俄文版
1990	达木丁苏荣	1947年西里尔蒙古文版的第四版
1990	达尔瓦耶夫、奇米托夫	卡尔梅克蒙古文、俄文和布里亚特蒙古文版
1990	嘎丹巴	手写稿
1991	费多托夫	保加利亚文版
1993	策仁索德纳姆	手写稿
1993	鄂嫩、布拉德伯里	英文版
1993	潘克福	俄文，部分译文
1994	柳元秀	韩文版
1994	伊文、鲍普	法文版
1995	柯津	1973年版的第二版
1997	小泽重男	日文版

续表

1997	成德公	1917年手写稿的影印版
年份	作者	备注
1997	朴元吉	韩文，仅有第一卷
1998	潘克福	俄文版，部分译文
2000	柯津	1995年版重印本
2000	贺喜格巴图	1941年版重印本
2001	鄂嫩	1990年版第二次修订版
2001	余大钧	汉文版

表1-3 汉文总译的译文

年份	作者	备注
1866	帕拉迪	俄文
1957	孙维贵	英文
1963	韦利	英文
1967	成德公	手写稿
2000	拉米雷兹·贝勒林	西班牙文

第四节 研究方法

对任何一门科学或学科而言，有无科学的研究方法尤为重要。古代蒙古族逻辑思想的研究，涉及逻辑学、民族学、哲学、人类学、文化学等多个学科。本书在研究过程中，广泛使用上述学科的不同研究方法，同时使用交叉学科的研究方法。

一 非形式论证方法

论证是逻辑学的研究对象。论证的传统定义为："由断定一个或一些命题的真实性，通过推理确定另一个命题真实性或虚假性的思维过程。"① 传统逻辑观点认为，论证由论题、论据、论证方式三大要素组成。"论题（也叫论点）是论证中真实性需要确立的命题。""论据（又叫理由）是论证中确定论题真实性所根据的判断。""论证方式是论据与论题的联系方式，即由论据推出论题所运用的推理形式。"② 陈波教授则把论证的要素分为论题、论点、论据、论证方式、隐含的前提或假设五种。他认为："论题，即论辩双方共同谈论的某个话题……论点，即论证者在一个论证中所要证明的观点……论据，相当于推理的前提，指的是论证者用来论证其论点的理由、根据。……论证方式，即论据对于论点的支持方式，表现为某种推理形式或某些推理形式的复合。……隐含的前提或假设，论证常常隐含地利用了一些前提或假设，相应地也隐含地使用了一些推理形式，而没有把它们统统明明白白地说出来或写出来。"③

熊明辉教授在《逻辑学导论》中对论证给出的定位为："论证是指论证者为自己的主张（结论）提出理由（前提）并企图说服目标听众接受该主张的过程和结果。"他认为，论证包含"前提与结论""论证者与目标听众""论证目的"等三组基本要素。"结论即是指论证者所提出的主张、立场、观点或论点；前提即是指论证者提出来支持其主张、立场、观点或论点的理由。……所谓论证者就是指提出论证的人。……所谓目标听众（intended audience）即是指论证者试图要说服的听众。……论证目的（purpose of argument）就是指论证者提出论证的目的。"④

广义论证包括"作为程序的论证"和"作为过程的论证"。作为程序的论证"是指论证者企图在批判性讨论基础上用一组陈

---

① 彭漪涟、马钦荣：《逻辑学大辞典》，上海辞书出版社，2004，第372页。
② 何向东：《逻辑学教程》，高等教育出版社，1999，第239~240页。
③ 陈波：《逻辑学概论》，北京师范大学出版社，2007，第54~55页。
④ 熊明辉：《逻辑学导论》，复旦大学出版社，2012，第38~43页。

述的可接受性让目标听众承认另一特定陈述的可接受性的语言交际行为,其中,企图让目标听众接受的陈述被称为主张(claim),用来支持主张的陈述被称为理由(reason)。"作为过程的论证"是指论证者理性地说服目标听众接受其主张的过程"。①

打破传统的论证理论,从非形式逻辑视角将论证者与目标听众、论证目的作为论证要素之中,进行识别论证和评价论证,这对于研究民族思维方式具有很强的理论指导和方法论意义。

二 历史分析与文化诠释方法

在中国逻辑史研究中,运用历史分析与文化诠释方法,使中国逻辑史取得了历史性的突破。这里所谓的历史分析与文化诠释方式,是指:"把中国古代逻辑史放在它产生和发展的具体历史环境和文化环境中,将中国古代逻辑思想作为先秦文化的有机组成部分,与当时的哲学、伦理学、政治学、语言学和科学技术等方面的思想以及文化发展的基本特征结合起来进行全面的分析、考察,从而得出全面、确切的结论。"② 历史分析与文化诠释方法不仅纠正了过去中国逻辑史研究"据西释中""简单比附"方法的缺陷和不足,更为重要的是为中国逻辑史研究开辟了新的思路,提供了成功的科学的研究方法。本书借鉴中国逻辑史研究的成功经验,采用历史分析与文化诠释的方法,研究古代蒙古族逻辑思想,提出自己的认识和观点,即把古代蒙古族思维方式放在其产生、发展的特定历史时代和文化环境中,进行全面考察、认真分析、高度概括、科学归纳,得出切合实际的结论。

"不同的历史发展会形成各具特色的文化,在此影响下又会形成各具特色的思维方式,也必定有它独特的说理方式。而这些独

---

① 熊明辉:《逻辑学导论》,复旦大学出版社,2012,第38页。
② 莫日根巴图:《以逻辑视角审视民族思维方式》,《内蒙古民族大学学报》(社会科学版) 2013年第4期。

特的说理方式总会以它形成的内在动因与外在表现，留下一些历史的遗存，从而成为我们在探索、整理、分析它的过程中借以归纳形成的历史意见和时代意见：它曾经是怎样的形态？为什么会有这样的形态？这种形态的现代意义及作用又是什么？基于此，民族思维方式的研究理应成为极具理论意义和现实意义的工作，它不仅涉及不同民族历史文化的评价和诠释，而且对促进团结平等互助的民族关系、促进民族文化交流、融合都可以发挥它应有的作用，体现它应有的价值。这种作用及价值甚至能够关乎整个国家的经济社会发展和文化建设。"① 因此，本书研究中，始终坚持实事求是的原则，杜绝主观主义，坚持不偏见、不夸张的科学态度，以文献记载和历史事实为依据，力争全面分析和客观、真实地描述古代蒙古族思维方式，诠释其中包含的逻辑思想。

三　比较研究方法

比较研究方法不分文理工农医之别，是很多学科普遍运用的研究方法。古代蒙古族逻辑思想的研究，也离不开比较研究方法。因为，只有将古代蒙古族思维方式及其特点与其他民族思维方式进行比较，才能够更好地体现其本质特征和一般规律。本书坚持科学、客观的原则，不做盲目比附或机械比较，明确比较目的、对象，通过古代蒙古族思维方式与其他民族思维方式所形成的历史文化背景、主要特征的比较，研究分析古代蒙古族逻辑思想与古代中国先秦逻辑思想、西方逻辑思想的异同，总结出它们的共性和个性，全面、客观地分析它们的异同特征形成的原因，掌握发展规律，分析发展趋势，全面、客观阐述古代蒙古族思维方式、逻辑思想有别于其他民族思维方式和逻辑思想的独有特征。

---

① 莫日根巴图：《以逻辑视角审视民族思维方式》，《内蒙古民族大学学报》（社会科学版）2013年第4期。

四 田野调查和数据分析方法

作为一种民族文化群体的思维方式，古代蒙古族逻辑具有一定的稳定性和传承性。因此，研究古代蒙古族思维方式，也要与现代（当前）民族思维方式进行对比和来源分析。本书对内蒙古部分盟市进行田野调查，重点调查民风民俗，分析其中包含的思维方式和规律，与古代蒙古族思维方式进行比较，分析其渊源关系。

本书运用数据分析方法，对《蒙古秘史》等历史文献中记载的人名、地名、部族名进行全面统计分析，从而归纳其中的共性和特殊性，为分析其中包含的逻辑思想提供了数据基础。

第二章

古代蒙古族前逻辑思想

　　逻辑思想概念在绪论部分已做了专门定义或解释。那么何为"前逻辑思想"?"前逻辑思想"即逻辑思想产生之前的思维方式和思维特征。"前逻辑思想"在时间跨度上与逻辑思想没有明显的界限。据我们的研究,古代蒙古族前逻辑思想,主要体现为腾格里思维、图腾思维、萨满思维和神话思维等。

第一节　古代蒙古族腾格里思维

　　"ᠲᠡᠩᠷᠢ"[tenggeri](腾格里,即天)是蒙古先民思想认识中的特殊概念,是古代蒙古族自然崇拜的重要表现,后成为萨满教最高神灵,是人格化了的、全智全能的神。我们将原始先民在认识世界、看待问题的思维认知过程中,以腾格里崇拜的理念解释自然现象、自身和氏族的来源等一切事物的思维方式称为腾格里思维。

　　宇宙万物以及人的从生死到一切行为都由"腾格里"主宰。这是古代蒙古族甚至原始先民共同的认识。"如果萨满教是整个北方民族原始哲学思想的萌芽的话,'腾格里'是其全部内容和结构的逻辑体系。……从此来看,她(指腾格里——引者)是古代蒙古族不同阶段信仰内容的变体，在某种意义上具有反映当时人们思维水平的性质。"①《蒙古秘史》中记载：孛儿帖·赤那是"奉天命而生的"，而且其颜色也是"天"的颜色；阿阑·豁阿解释自己无丈夫所生的三个儿子为"上天的儿子"；帖木真被困在深山密林，每次想出来时出现的非正常现象，都以"上天阻止我出去"来解释等，充分体现了古代蒙古族先民腾格里崇拜的信仰。

笔者查阅资料发现，最早提出并使用"腾格里思维"概念的是图·乌力吉教授。他在《古代蒙古人萨满文化思维》中提出"腾格里思维"是古代蒙古人最重要的元概念之一，虽然没有形成普遍的系统，但暂时称之为"腾格里思维"。②

格·孟和教授在《蒙古文化概论》中对《蒙古秘史》里出现的腾格里的含义进行了概括：一是自然化的天；二是宗教化的天；三是理性化的天。③

腾格里思维是古代蒙古族思维方式的重要特征之一。特别是在战争中得到充分的体现——出征之前，必须祭军旗，向腾格里求保佑；战争的胜败结果都是由腾格里主宰，某一人在战争中的生死也是由腾格里控制，如果战争中赢了或某人闯过大难未死，就是腾格里保佑的，如果战败或某人死了，就是没有得到腾格里保佑之故。仅"苍天保佑""蒙上天之力"的词在《蒙古秘史》里就出现十余次，简单节录如下。

（1）帖木真被蔑儿乞惕部追打，逃到不峏罕合勒敦山，面向太阳，布带（"ᠪᠦᠰ"［bus］，不薛）挂在脖子上，摘下帽子，手捧胸前，跪拜九次，洒奠而祝祷。（§103）

（2）帖木真与札木合分开之后，诸多部落纷纷投奔帖木真，共同商议，举帖木真为汗。此时，帖木真说，"蒙天地保佑"，你

---

① 图·乌力吉：《古代蒙古人文化思维》，内蒙古大学出版社，1997，第269~270页。
② 图·乌力吉：《古代蒙古人萨满文化思维》，内蒙古教育出版社，2006，第66页。
③ 格·孟和：《蒙古文化概论》，辽宁民族出版社，2016，第153~154页。

们把我推举为汗……（§125）

（3）在帖木真与札木合之间进行的阔亦田之战中，札木合方不亦鲁黑、忽都合用札答石法术，但施术呼唤的风雨逆袭，落到他们自己头上。于是他们说"没有得到苍天保佑"，逃跑了。（§143）

（4）在与泰亦赤兀惕部进行的战争中，成吉思汗颈部受伤，深夜口渴，者勒篾光身独自一人跑到敌方营地，寻来奶酪，未被敌方发现。认为，这是"苍天保佑"的。（§145）

（5）克列亦惕部王罕被乃蛮部袭击后，帖木真派自己的"四杰"救助王罕，于是王罕特别感动，同时回忆以前成吉思汗父亲也速该巴阿秃儿曾经的帮助，说："如何报恩苍天保佑！"（§163节）当桑昆等人向成吉思汗出兵时，其父亲王罕极力反对，认为这样做"不会被上天保佑的！"（§167）

（6）在与乃蛮部的战争中，成吉思汗和乃蛮部双方伤亡严重，损失较大。成吉思汗年少时的义兄弟、得力干将孛斡儿出在乱战中失散，第二天回来后成吉思汗激动地拍胸说："长生天知道啊！"（§172）

（7）桑昆设陷阱引诱成吉思汗来克列亦惕部，趁机抓捕的计划暴露后，商量采取突袭攻打成吉思汗，这时候，克列亦惕部马夫巴歹、乞失里黑二人连夜冒着生命危险给成吉思汗报信，使成吉思汗躲过一劫。于是，成吉思汗奖赏功臣时特意提及："巴歹、乞失里黑在我危急时刻送信，被长生天保佑，打败了克列亦惕部。"（§187）

（8）成吉思汗派速别额台追袭蔑儿乞惕部脱黑脱阿残留势力时交代，"蒙长生天保佑"擒获脱黑脱阿的儿子们，不必牵来，就地除掉。并强调，你虽然离我远去，但暗处思明、远处思近，上天会保佑你的！（§199）

（9）成吉思汗建立蒙古汗国，奖赏功臣时，说"蒙长生天之

力，天地保佑"，天下归顺。（§224）

（10）听"四杰"之一孛罗忽勒被豁里秃马惕杀死之后，成吉思汗非常震怒，派朵儿伯多黑申并降旨言：从严治军，"祭拜长生天"，收抚豁里秃马惕！（§240）

（11）晃豁惕氏阔阔出帖卜腾格理挑唆成吉思汗与其弟弟合撒儿称："长生天之命"，诸神来告，合撒儿想与帖木真轮流掌握天下，不除掉合撒儿事不可测！于是，成吉思汗相信，擒合撒儿审讯，被母亲诃额仑（又作诃阿仑）严肃批评。（§244）

（12）因帖卜腾格理几次欺辱成吉思汗弟弟们，经成吉思汗允许，斡惕赤斤将帖卜腾格理折断脊骨杀死。帖卜腾格理尸体放在帐篷里，关好天窗和门，派专人看守，第三天拂晓之时，天窗被开，尸体不见了。于是，成吉思汗说，帖卜腾格理与我弟弟们动手、于我和弟弟们之间挑唆，所以"上天未保佑"，拿走了他的命和尸体。（§246）

（13）成吉思汗在征唐兀惕的行军途中，打猎摔伤，在身体有伤发烧的情况下，因唐兀惕阿沙敢不的大话决定攻打唐兀惕，并说：宁死也要消灭这狂言妄语的唐兀惕，"长生天做主吧"。（§265）

（14）巴秃等长子部队西征大胜，并向斡歌歹汗禀报："蒙长生天之力"，降服了……（§275）

（15）斡歌歹总结自己继位后过失时说，恐"天地造化而生"的野兽跑到兄弟们的领地……（§281）

阿·朋斯格关于帖木真逃命到不峏罕合勒敦山面向太阳跪拜九次问题的理解很准确，他说："很多学者误以为祭拜不峏罕合勒敦山，其实，不峏罕合勒敦山背后，更重要的是祭拜天或太阳。有时候，也将天和太阳连起来叫'腾格里那日'，表示一个概念。13世纪的蒙古族，在举行推举可汗、家祭、出征等重大活动时，首先要祭拜腾格里。"① 所以，帖木真的这一行为，是古代蒙古族传统的腾格里（天）崇拜的表现，不是简单的逃命后高兴跪拜不峏罕合勒敦山。

但是，古代蒙古族对腾格里的崇拜和信仰并不是一成不变的，而是随着社会的发展、时间的推移，逐渐在发展，在发生着变化。从前主宰一切的腾格里逐渐被分为善、恶腾格里，就是一个显著的标志。亦即，古代蒙古萨满将腾格里分为代表善神的西方的 55 腾格里和代表恶神的东方的 44 腾格里。西方的善神 55 腾格里以" "（霍尔穆兹达）为首，代表着光明、善良、正直、正义、洁净；东方的恶神 44 腾格里以" "（阿达·乌兰）为首，代表着黑暗、邪恶、虚伪、诳惑、污浊。到了蒙古汗国时期，腾格里的不可抗拒、神圣性质有所减弱，腾格里的意志有时可以屈服于人的意志。例如，成吉思汗按照巫师帖卜腾格理传达的"长生天"之旨，逮捕合撒儿，并"绑住双袖，去掉了冠、带"，审问时，母亲诃额仑连夜赶到，严厉批评并制止了成吉思汗的行为（§244）；能够通天人间的大萨满帖卜腾格理由于有意离间成吉思汗兄弟之间的关系，壮大自己的势力，甚至欺辱成吉思汗的弟弟，最后经成吉思汗的允许，被斡惕赤斤杀死（§245）。这也表明了古代蒙古人的思维已经打破宗教信仰的束缚，不是完全被萨满教的腾格里理念所控制。

图·乌力吉教授认为，腾格里思维是古代蒙古人传统哲学思维萌芽的表现。"腾格里"是外延最广的普遍概念。②

第二节 古代蒙古族图腾思维

古代蒙古族与其他古老民族一样也有图腾崇拜历史。原始先

---

① 阿·朋斯格：《〈蒙古秘史〉风俗研究》，内蒙古人民出版社，2010，第 191 页。
② 图·乌力吉：《古代蒙古人萨满文化思维》，内蒙古教育出版社，2006，第 67 页。

民在认识世界、看待问题的思维认知过程中,以图腾崇拜的理念解释自然现象、自身和氏族的来源等一切事物的思维方式可称为图腾思维。

一 关于图腾

"图腾"为外来词,但在学术界已并不陌生,"系北美印第安人的阿耳贡金(algongkin trible)部落语,意为'他的亲族'"①。"'图腾'一名,最早出现在18世纪末的文献中,英国商人J.朗格在《印第安旅行记》一书中,为了记述印第安人相信人与动物存在血缘亲属关系的信仰而首先使用了这一词。"② "'图腾'一词,最早译成中文并介绍于国内的是严复,在他所译英人甄克思的《社会通诠》(1903)一书中,把'totem'译为'图腾'。"③

图腾崇拜是"蒙昧或半开化民族"社会的普遍现象。雷诺将"图腾崇拜律"(Gode du totemisme)列为12条:"(1)禁宰杀或食用某些动物,但其中个别动物由人喂养照料;(2)意外死去的动物受到和氏族成员相同的规格的悼念与安葬;(3)有些情况,禁食禁忌只限于动物身体的某个特定部分;(4)若不得不杀掉某一通常放生的动物,要为之请求宽恕并试图以各种手段和借口来削减冒犯塔布的行为,也就是杀戮;(5)当动物被用来作祭礼牺牲时,人们应痛哭之;(6)特定的严肃场合和宗教仪式上,要穿着某种动物的皮。图腾崇拜付诸实践,而人们便是图腾动物;(7)氏族和氏族成员个人要以动物即图腾动物命名;(8)许多氏族在他们的旗帜和武器上使用动物图案,人们身上亦绘有或纹着图腾动物;(9)若图腾动物是一种可怕或危险的动物,据信它不会伤害以它命名的氏族成员;(10)图腾动物保护其氏族成员并为

---

① 那木吉拉:《狼图腾——阿尔泰兽祖神话探源》,民族出版社,2009,第3页。
② 〔苏〕海通:《图腾崇拜》,何星亮译,广西师范大学出版社,2005,参见前言。
③ 〔苏〕海通:《图腾崇拜》,何星亮译,广西师范大学出版社,2005,中译本序。

之提供警示；(11) 图腾动物为氏族的忠实成员预示未来，并为之提供指导；(12) 图腾氏族的成员常常相信他们和图腾动物的关系由共同的祖先联结在一起。"① 那木吉拉教授根据弗雷泽的《图腾主义与外婚制》和弗洛伊德的《图腾与禁忌》等著作中的观点，对图腾崇拜的特点做了以下四点概括："1. 原始人把某种动物、植物和非动植物（云、雨、电、月、日、山）当作自己的图腾。氏族群体的名称以图腾命名，其中把动物作为群体的图腾为居多。2. 认为本氏族的祖先与图腾相关的动物之间，有着血缘或某种特殊的关系，并深信，氏族的图腾有一种超自然的力量，会对本氏族成员起保护作用。3. 用绘画、雕刻等技艺把氏族的图腾形象装饰在房屋的帐篷、旗帜、柱子、器物上，或作为文身的图案。把它作为标志，并认为它具有神奇的力量。4. 图腾崇拜是维护氏族制的重要因素。图腾是氏族成员亲缘关系的标志，人们根据不同的图腾来认定一个氏族。同一个图腾的氏族内禁忌通婚。"②

与图腾崇拜这些特征比较，古代蒙古族图腾思维只是图腾崇拜现象的遗留或有一定的图腾崇拜的痕迹。之所以称为遗留或痕迹，是因为图腾崇拜的诸多特征中，只有极少数的特征在古代蒙古族思维中有所体现。沙·毕热称之为"苏力德崇拜"③。

图·乌力吉教授在《古代蒙古人图腾文化思维》中，在总结国内外蒙古学学者关于古代蒙古人图腾信仰观点的基础上，认为："古代蒙古族不仅有图腾信仰，而且是蒙古人信仰思维的基本模式之一。"④

---

① 〔奥〕西格蒙德·弗洛伊德：《论宗教》，王献华、张敦福译，国际文化出版公司，2001，第105~106页。
② 那木吉拉：《狼图腾——阿尔泰兽祖神话探源》，民族出版社，2009，第3~4页。
③ 〔蒙〕沙·毕热：《蒙古文化史》（上），民族出版社，2010，第305页。
④ 图·乌力吉：《古代蒙古人图腾文化思维》，内蒙古人民出版社，2013，第5~9页。

二 狼、鹿图腾

氏族和氏族成员个人以图腾崇拜动物命名是图腾崇拜的重要表现形式之一。有资料证明，古代蒙古族先民以狼、鹿为图腾崇拜对象。据《蒙古民族宗教文化》记载："狼作为凶残的动物，草原先民对其畏惧而崇拜。古代北方草原民族以狼作为图腾的不在少数，匈奴人、高车人、突厥人、党项人都曾有过狼的传说，并将其作为图腾加以崇拜。《蒙古秘史》开篇即云：'承受天命而生的苍狼与白色的鹿相配，他们一同渡过腾汲思水，来到斡难河源头的不儿罕山前住下，生子名唤巴塔赤罕'。苍狼便成为蒙古人的祖先之神加以崇拜，狼也就成为蒙古人的图腾。"①

《蒙古秘史》中的孛儿帖·赤那（苍狼）、豁阿·马澜勒（白鹿）、合撒儿（凶猛的狗）等人名以及赤那思（狼）、捏古思（狗）、乞颜（狼）等部族名都体现出古代蒙古族先民图腾崇拜痕迹，表明在古代蒙古族思维方式中图腾思维发挥着一定的作用。

我们先看看古代蒙古族的几个部落名称。一是乞颜："乞颜"为蒙古语"狼"（ᠴᠢᠨᠤ᠎ᠠ）[chino]的音译。二是捏古思："捏古"为蒙古语"狗"（ᠨᠣᠬᠠᠢ）[nohai]的音译。"捏古思"为"捏古"的复数形式。三是赤那思："赤那"也是蒙古语"狼"（ᠴᠢᠨᠤ᠎ᠠ）[chino]的音译。"赤那思"为"赤那"的复数形式。

分析以上三个部族名，必须从蒙古族族源传说《额尔古捏-昆传说》开始说起。此传说出自拉施特的《史集》，后广为流传，被选入很多蒙古族神话传说著作，也作为蒙古族古典文学内容，被选入中学课本和高校教材。其梗概内容如下：

  大约两千多年前，蒙古部落与另一个突厥部落产生内部

---

① 刘兆和主编《蒙古民族宗教文化》，文物出版社，2008，第24页。

矛盾，最终发生了战争。蒙古族战败，其他部族打杀蒙古部落，仅剩两男两女。他们逃到一个四周群山陡壁、森林茂密的地方避难。这里除了一条艰难险阻的小道外，没有其他出路。此地空气新鲜、水草丰美，是个富饶宝地。名叫"额尔古捏-昆"。这两个家为捏古思和乞颜氏族。他们在这里长期生息繁衍，分出很多分支，成为独立的氏族。这些氏族又分出很多分支，形成了蒙古各部落……后来，随着人口增多，地方越显狭窄，大家商量通过烧火化铁溶山，既获得了很多铁，又开辟出山的道路……

关于这两个古老氏族有很多不同的解释。那木吉拉教授在综观国内外学者研究该传说的基础上，对"赤那思"和"捏古思"提出了独到见解：赤那思部可称"捏古思"，反之捏古思部又可称为"赤那思"。[1]

关于"乞颜"的传统解释出自拉施特《史集》："乞颜在蒙古语中，意谓从山上流下的狂暴湍急的'洪流'。因为乞颜人勇敢、大胆又极其刚强，所以人们以这个词为他们的名字。乞牙惕为乞颜的复数；在这个氏族中，近于始初的那些人们，在古代被称为乞牙惕。"[2] 额尔登泰、乌云达赉等人沿袭拉施特的解释，认为："kiyan 意为'急流'。"[3] 阿尔达扎布先生坚持父辈（额尔登泰为阿尔达扎布之父）的观点，在"乞颜"一词解释中，几乎原文不动地移过来使用，后面又增加了两条在《中国历史大辞典·辽夏金元史》中的条目和拉施特在《史集》中的记载，未提出更新的

---

[1] 那木吉拉：《狼图腾——阿尔泰兽祖神话探源》，民族出版社，2009，第 132~143 页。
[2] 〔波斯〕拉施特：《史集》（第一卷第一分册），余大钧、周建奇译，商务印书馆，1983，第 252 页。
[3] 额尔登泰、乌云达赉、阿萨拉图：《〈蒙古秘史〉词汇选释》，内蒙古人民出版社，1980，第 215 页。

观点。① 而那木吉拉教授同样在上文中,将《额尔古捏-昆传说》置于更广泛的神话传说背景当中,与突厥语族《乌古斯汗传》中的乞牙惕(kiyat)和中国相关文献中出现的"鸟兽门"(汉译麒麟)、角䗉以及波斯神话中的独角兽等想象世界里的"混合物"进行联想和比较,提出了"乞颜或乞牙惕则与史籍中频繁登场的'独角兽'或角䗉等传说动物有关,也和古代波斯神话传说中的动物有关,是蒙古先民所崇拜的神灵"的观点。②

《蒙古秘史》记载的"孛儿帖·赤那、豁埃·马澜勒神话"中将图腾崇拜物狼和鹿视为蒙古族的兽族;"阿阑·豁阿无丈夫生子神话"中所出现的"黄色狗"被普遍视为蒙古族图腾崇拜对象——狼的变体或翁衮等吻合图腾崇拜相关特征。图·乌力吉教授基于"图腾崇拜的发展分为崇拜、隐瞒、禁忌三个阶段"的认识,将阿阑·豁阿神话中的"黄犬"认为是蒙古族图腾动物"狼"的图腾崇拜的最后阶段——禁止叫图腾动物名的表现。③ 那木吉拉教授也坚持近似的观点,指出:"神话传说所描述的蒙古民族、成吉思汗的祖先是从天而降的天之骄子。他们是从天而降的黄色神人与人间女子之间产生的。换言之,黄色神人是化为黄色狗的形态,从天而降的。而这个黄色神人最终与从天而降的狼相趋一致。"④ 他还以丰富的资料有理有据地提出如下结论:"突厥、蒙古等民族作为独立的民族分离于原始部族之前,在北方大地上活动着以公狼为崇拜对象的氏族和以母鹿为崇拜对象的氏族之间形成两合婚姻联盟,他们创造了狼鹿双重崇拜的信仰文化传统。"⑤ 这里关于古代北方"犬戎"族的解释很有新意:"此'犬'为犬戎语的音译,而非汉语的

---

① 阿尔达扎布:《新译集注〈蒙古秘史〉》,内蒙古大学出版社,2005,第81~82页。
② 那木吉拉:《狼图腾——阿尔泰兽祖神话探源》,民族出版社,2009,第143~153页。
③ 图·乌力吉:《古代蒙古人文化思维》,内蒙古大学出版社,1997,第300页。
④ 那木吉拉:《狼图腾——阿尔泰兽祖神话探源》,民族出版社,2009,第120页。
⑤ 那木吉拉:《狼图腾——阿尔泰兽祖神话探源》,民族出版社,2009,第27页。

'狗'。犭尤，又称昆、绲、畎，此与蒙古语口语形式的 čino～čion（狼）非常接近。所以，犬戎本身就是一个以狼鹿为图腾的部族。应当说，戎族是操阿尔泰原始语的民族，是突厥、蒙古民族的先民。狼和鹿则是两个原始联姻氏族的图腾。"① 刘毓庆分析《蒙古秘史》关于孛儿帖·赤那、豁埃·马澜勒神话时指出："从神话的角度看，这是说苍狼与白鹿生下了蒙古之先。而从文化人类学的角度考察，这里所言的实则是两种不同图腾氏族男女的结合。苍狼族男子与白鹿族女子结合，而生下了蒙古人的祖先巴塔罕。"②

关于古代蒙古族狼图腾和鹿图腾问题，古代岩画里也得到较深的反映。仅以《蒙古民族宗教文化》相关资料为例，该书收录两幅狼岩画，并附如下详细的文字说明："狼作为凶残的动物，草原先民对其畏惧而崇拜。古代北方草原民族以狼作为图腾的不在少数，匈奴人、高车人、突厥人、党项人都曾有过狼的传说，并将其作为图腾加以崇拜。……苍狼便成为蒙古人的祖先之神加以崇拜，狼也就成为蒙古人的图腾。"③

同样收录于《蒙古民族宗教文化》的鹿岩画，均位于内蒙古自治区临河市乌拉特中旗韩乌拉山峰西地里哈日山一带。从此能够寻找到古代蒙古族鹿图腾崇拜的痕迹。④

近年来蒙古族是否有狼图腾问题学界议论纷纷。布和哈达在《〈蒙古秘史〉研究》中《孛儿帖·赤那、豁阿·马澜勒是图腾吗？》⑤一文中提出否定观点，认为"孛儿帖·赤那、豁阿·马澜勒"是历史人物的名字，不是图腾名称。呼日勒沙教授则在《〈蒙古秘史〉中传说之渊源》一文中认为："孛儿帖赤那、豁埃马澜勒

---

① 那木吉拉：《狼图腾——阿尔泰兽祖神话探源》，民族出版社，2009，第28页。
② 刘毓庆：《图腾神话与中国传统人生》，人民出版社，2002，第340页。
③ 刘兆和主编《蒙古民族宗教文化》，文物出版社，2008，第24页。
④ 刘兆和主编《蒙古民族宗教文化》，文物出版社，2008，第27页。
⑤ 布和哈达：《〈蒙古秘史〉研究》，内蒙古文化出版社，2008，第231～243页。

(即孛儿帖·赤那、豁阿·马澜勒——引者）既是图腾名称，又是人名。图腾名称转变为氏族酋长名称。这是从图腾制过渡到父系氏族社会时期的转形〔型〕时期的图腾现象。此传说与中亚古老图腾神话传统有关。"① 本书所指的"图腾思维"不是图腾崇拜，而是图腾崇拜在古代蒙古思维特征和思维方式中的痕迹或遗留的表现。

三　鹰图腾

据《蒙古秘史》记载，也速该巴阿秃儿本想去帖木真母舅部落斡勒忽纳兀惕部为其求婚。但路途中在翁吉剌惕部见到了德·薛禅，而且德·薛禅的一番话使也速该巴阿秃儿改变了原有计划，向德·薛禅之女孛儿帖为帖木真求婚。德·薛禅跟也速该巴阿秃儿主要讲述了两件事：一是描述翁吉剌惕部"自古以来靠外孙女的容貌、姑娘的姿色，不争国土"；二是他的梦。他说："也速该亲家，我昨夜做了一个梦，梦见白海青抓着日、月飞来，落在我的手上。我把这个梦对人说：日、月是仰望所见的，如今这海青抓来落在我的手上；这白〔海青〕落下，是何吉兆？也速该亲家，如今见你领着儿子而来，正应了我的梦。我做了个好梦。这是什么梦？是你们乞牙惕氏人的守护神来告的梦。"（§63）

那木吉拉教授曾比较分析乌孙和蒙古的狼、乌鸦神话传说的诸形态，指出："在乌孙和蒙古等中亚地区的阿尔泰语系诸民族中存在崇信狼和乌鸦的习俗形式。"②并以《蒙古秘史》和蒙古文《黄金史纲》中关于狼和乌鸦这两种动物双双登场的言语进一步说明了"在13世纪时的蒙古民众信仰世界里，狼和乌鸦仍然是双重崇拜的对象"。

沙·毕热先生也在《蒙古文化史》中举出了以乌鸦、鹰作为

---

① 呼日勒沙：《蒙古神话新探》，民族出版社，1996，第265页。
② 那木吉拉：《狼图腾——阿尔泰兽祖神话探源》，民族出版社，2009，第55页。

苏力德崇拜的蒙古部落①。

曹道巴特尔先生从猎鹰在古代蒙古族狩猎生活中的重要作用出发,特别是以成吉思汗第 10 代始祖孛端察儿在极度困难的情况下,依靠一匹马和一只黄鹰维系生活,逐渐恢复蒙古乞颜部的贵族地位的历史为依据,提出了"蒙古人对猎鹰有着特别的喜爱,猎鹰始终是蒙古人主要的'翁衮'(〰️, ongron, 神、崇拜物、图腾),作为孛端察儿后裔,乞颜部以白海青(〰️ 〰️, čaran šongqor, 察罕·升豁儿)为图腾鸟或者吉祥吉兆"② 的观点。

图腾对象在古代先民信仰里是神圣的,不可侵犯的。也速该巴阿秃儿与德·薛禅一样,将其梦见的白海青视为自己部族的图腾对象,白海青抓着日、月落在德·薛禅手上,也就是自己部族的图腾对象告知德·薛禅将要遇见喜事,是一种吉兆。所以,改变了计划,接受了德·薛禅将自己女儿许配给帖木真的夙愿。

古代蒙古族关于崇拜鹰或鸟类的痕迹在古代岩画"鹰岩画"里面得到验证。

图·乌力吉教授在《古代蒙古人图腾文化思维》一书中,对图腾进行详尽的文化学解释,认为图腾是蒙古人原始思维的哲学范畴,并将图腾崇拜与蒙古族的"翁衮"[onggun]崇拜联系在一起,提出了"图腾"一词与蒙古语的"〰️"[xitugen]或"〰️"[etugen]在词源上有一定联系的观点。③ 在此基础上,依据国内外学者的研究,将"图腾"一词与蒙古语的"〰️"[odom]联系在了一起。④

---

① 〔蒙〕沙·毕热:《蒙古文化史》(上),民族出版社,2010,第 308 页。
② 曹道巴特尔:《蒙汉历史接触与蒙古语言文化变迁》,辽宁民族出版社,2010,第 228 页。
③ 图·乌力吉:《古代蒙古人图腾文化思维》,内蒙古人民出版社,2013,第 107~125 页。
④ 图·乌力吉:《古代蒙古人萨满文化思维》,内蒙古教育出版社,2006,第 14~18 页。

图腾思维在蒙古族群体当中的影响是深远的、牢固的，虽然随着时间的推移、社会的进步、科学的发达，蒙古人的思想认识有了质的飞跃，但在日常生活中也能或多或少找到"图腾思维"的影子。例如，在蒙古族民间如今仍忌讳叫"ᠴᠢᠨᠤ᠎ᠠ"［chino］（狼），而是称"ᠬᠡᠭᠡᠷ᠎ᠡ ᠶᠢᠨ ᠨᠤᠬᠠᠢ"［hegere in nohai］（野狗）。尤其在吃饭的时候小孩无意中说出"ᠴᠢᠨᠤ᠎ᠠ"（狼），大人会马上把一个空碗扣在饭桌上。据说这样小孩无意中说的话不会传出去，如果传出去被狼听见了，狼的牙会更加锋利，会伤害羊群等。这表明，对图腾崇拜动物狼的恐惧、敬畏的那种心理意识仍然留存于蒙古族人心灵深处。

这些图腾崇拜所遗留下来的图腾思维在古代蒙古人认识世界、看待问题时起着非常重要的作用。孛儿帖·赤那（苍狼）、豁阿·马澜勒（白鹿）在古代蒙古人心里是那么的神圣不可侵犯，所以将自己认为是他们的后代；阿阑·豁阿无丈夫所生三个儿子是"从天而降的黄色神人与人间女子之间产生的。"黄色神人化为黄色狗的形态，是蒙古族图腾崇拜对象——狼的变体。正因为这样，阿阑·豁阿对自己"不伦"之事的解释在当时的历史文化背景下是"合适"的，能够让朵奔·篾儿干生前所生下的两个儿子别勒古纳台、不古纳台欣然接受。别勒古纳台、不古纳台的接受也代表着当时的蒙古社会即古代蒙古人的心理和观念当中能够接受这一解释。

除此之外，也有记载，古代蒙古族或不同的蒙古部落有其他图腾崇拜对象（苏勒德）。例如：客列亦惕部以乌鸦为苏勒德，晃豁坛部落以黄花为苏勒德。①

---

① 〔蒙〕沙·毕热：《蒙古文化史》（上），民族出版社，2010，第308页。

第三节　古代蒙古族萨满思维

萨满教是包括蒙古族在内的古代北方阿尔泰语系诸民族普遍信仰的原始宗教。"是中国北方原始文明的核心,是历史上起源最早、延续最久的宗教之一。"① 本书所指萨满思维,是指原始先民在认识世界、看待问题的思维认知过程中,以萨满教的信仰解释自然现象等一切事物的思维方式。

一　关于萨满

"萨满"为满—通古斯语,"激动、兴奋"之意。② 关于萨满教的最早文献记载为南宋学者徐梦莘的《三朝北盟会编》。③ 萨满教在蒙古语里叫"ᠪᠥᠭᠡ ᠮᠥᠷᠭᠥᠯ"(ᠪᠥᠭᠡᠵᠢᠮ—boogenism)。图·乌力吉教授在《古代蒙古人萨满文化思维》一书中,对萨满的文化价值予以极高的评价,认为萨满是古代蒙古人的世界观,古代氏族社会时期蒙古人的思维完全是萨满思维,并提出了"蒙古族的文化基因在于萨满教"④ 的全新、大胆的观点。笔者认为,图·乌力吉教授的此观点,不仅全新,而且有深刻的道理,符合蒙古文化的历史事实。⑤

蒙古萨满,与其他民族信仰的萨满教一样,也是在信奉万物有灵论基础上的多神教。蒙古萨满,有自然崇拜、祖先崇拜、翁衮崇拜、腾格里崇拜等多种表现形式。

本书主要从一种客观存在的文化现象,分析其在古代蒙古族

---

① 刘兆和主编《蒙古民族宗教文化》,文物出版社,2008,第1页。
② 图·乌力吉:《古代蒙古人萨满文化思维》,内蒙古教育出版社,2006,第21页。
③ 秋浦:《萨满教研究》,上海人民出版社,1985,第2页。
④ 图·乌力吉:《古代蒙古人萨满文化思维》,内蒙古教育出版社,2006,第242~245页。
⑤ 莫日根巴图:《萨满文化特质探析》,《内蒙古师范大学学报》(哲学社会科学蒙古文版) 2007年第4期。

思维方式中所发挥的作用。信仰萨满教的古老民族不仅限于我国古代北方民族,其范围更为广泛。有人称之为"萨满教文化圈"。"萨满教文化圈,中心在西伯利亚或东北亚草原,从白令海峡到北亚、中亚到斯堪的那维亚半岛边缘,从乌拉尔—阿尔泰民族到极地的爱斯基摩人,甚至北美印地安人的原居地,都可广义地划入此巨圈。"①

二 自然崇拜

自然崇拜是蒙古萨满重要信仰形式。众所周知,狩猎和游牧经济是传统的自然经济。在寒冷、干旱的蒙古高原,生产力水平低下,古代先民的生死存亡的命运很大程度上任自然摆布。在强大的自然力面前,他们只能祈求、崇拜,以求得到大自然的保佑和恩惠。这样就产生了崇拜天地、日月、星辰、山川、草木的自然崇拜信仰。

《蒙古秘史》里这方面的例子较多,例如:《蒙古秘史》所载"阿阑·豁阿无丈夫生子神话"中提到的"那神人随着日、月之光,如黄犬般伏行而出去"就是古代蒙古族先民崇拜日、月的具体表现;《蒙古秘史》中有帖木真被困大山的传说记载,帖木真在深山密林中被困九天,第二次出来时"帐篷般大的白色巨石"倒下来,堵住出口。这里的白色巨石就是具有神灵的圣石,也是古代蒙古族自然崇拜的表现。

帖木真被蔑儿乞惕部追打,逃命到不峏罕合勒敦山,认为"合勒敦—不峏罕山庇护了我,我这小如燕禽的性命!我深为恐惧![今后]对不峏罕—合勒敦山,每晨必祭祀,每天必祷告,教我的子子孙孙,铭记不间断!"② 这里充分体现了当时在帖木真心

---

① 叶舒宪、萧兵、郑在书:《山海经的文化寻踪》,湖北人民出版社,2004,第1490页。
② 阿尔达扎布:《新译集注〈蒙古秘史〉》,内蒙古大学出版社,2005,第174页。

里不峏罕合勒敦山就是神山，由此能够印证古代蒙古族崇拜山川的思维特征。

三　翁衮崇拜

翁衮（"⟨图⟩"［onggun］）崇拜也是蒙古萨满的信仰形式之一。翁衮是原始人灵魂观念的产物。"翁贡（即'翁衮'——引者）是指有欲念、情感的自然物，它还未能与物质本身真正脱离，在更大程度上保留着它的自然属性。因此，在这种意义上使用的翁贡，我们还不能把它理解为严格意义上的神，只能算作精灵。显然，这是原始的万物有灵观念在萨满教中的积淀。"① 翁衮是能够独立于躯体的灵魂，在蒙古萨满信仰中，有多种翁衮。刘兆和主编的《蒙古民族宗教文化》中介绍木制翁衮、皮制翁衮、皮毛翁衮、布贴翁衮、青铜翁衮等。

在阿阑·豁阿无丈夫生子神话中，阿阑·豁阿无丈夫怀孕的三个要素中，"黄犬"是蒙古族图腾崇拜对象"苍狼"的变体，"黄色的人"是阿阑·豁阿已去世丈夫孛端察儿的灵魂再现。"光"是"黄色的人"和"黄犬＝苍狼"的翁衮存在形态。在古代蒙古社会里，萨满教信仰的影响极为突出。阿阑·豁阿用这些传统的图腾崇拜和宗教信仰来解释自己无丈夫生子之事，具有很强的说服力和权威性、不可侵犯性。不古纳台、别勒古纳台能够接受这一事实，不仅母亲阿阑·豁阿"言辞有理"，而且在他们的传统观念和思维判断中原始思维发挥着一定的作用。就妇女受孕问题，他们虽然认为"无丈夫生子"属不正常，但从他们思维积淀的要素里，隐隐约约找到布留尔所描述的原始思维痕迹："原始思维是在一个到处都有着无数神秘力量在经常起作用或者即将起作用的世界中进行活动的。……原始人（例如澳大利亚土人）当

---

① 乌恩：《浅释蒙古族萨满教的几个重要术语》，《内蒙古社会科学》1989 年第 5 期。

然也观察到了受胎的某些生理条件,特别是性交的作用。但是,在这种场合中,如同在其他场合中一样,我们叫做第二性原因的那种东西,亦即我们所认为是必需的和足够的前件,在他们看来仍然是次要的;受胎的真正原因本质上是神秘的。……在他们看来,性交以后受孕,只是在'魂'进入这个妇女的身体中的场合下才有可能。……假如魂进入妇女身体中,比如说在梦中进入,那她必定怀孕,小孩一定会生出来。"① 因此,这里也能够体现古代蒙古族翁衮崇拜的思维特征。

四 占卜

占卜是萨满教施法行为,也是萨满思维的另一个表现形式。"占卜乃是知觉的预测,而原逻辑思维对占卜的信任,至少是不亚于对知觉本身的信任。"②

在萨满占卜行为中扮演主角的是女萨满("〓〓〓"[odogen]或"〓〓〓"[idugen])和男萨满("〓〓"[boo])。成吉思汗将巴阿邻氏兀孙老人封为最高的"别乞"(即"〓〓"[boo]),使其"穿白色衣服,骑白色的骟马,坐在上座,受到敬奉。又选定年月,侍奉如故"(§216)。

关于占卜行为,《蒙古秘史》中的记载如下。

(1)"豁儿赤来说:……〔上天的〕神告降临于我,使我亲眼看见了:有一头黄白色的乳牛围绕着札木合走,撞他的房车,又撞札木合,撞折了一只角,成了斜角,就扬起尘土,向札木合连声吼叫:'还我角来!'又有一头无角的黄白色公牛驮着、拉着大帐房的下桩,从帖木真后面循着大车路而来,吼叫说:'天地商量好,让帖木真当国主,我把国家载来了!'这是〔上天的〕神

---

① 〔法〕列维-布留尔:《原始思维》,丁由译,商务印书馆,1981,第418~422页。
② 〔法〕列维-布留尔:《原始思维》,丁由译,商务印书馆,1981,第284页。

指示我，使我亲眼看见的。……"（§121）

（2）在阔亦田之战中，"不亦鲁黑汗、忽都合二人懂得用札答石呼风唤雨的法术，遂施展起这种法术来。但是风雨反而逆袭他们，他们不能走脱，纷纷滚落到山沟里。……"（§143）

（3）"帖卜·腾格理对成吉思汗说：'长生天的圣旨，预示可汗，说：一次由帖木真掌国；一次由合撒儿'若不将合撒儿去掉，事不可知。"（§244）

（4）斡歌歹汗攻打金国："在那里，斡歌歹·合罕得了病，口不能言。得病难过时，〔人们〕让巫师、占卜者占卜，他们说：'金国的土地神、水神，因为他们的百姓、人口被掳，各城被毁，所以急遽为祟。'占卜时，许〔神〕以百姓、人口、金银、牲畜、替身禳之，〔神〕不答允，为祟愈急。占卜时，又问〔神〕：'可以用亲人做替身吗？'这时，〔作祟放慢了，斡歌歹·合罕〕睁开了眼睛，索取水喝，问道：'怎么了？'巫师奏禀说：'金国的土地神、水神们，因为他们的地方和水被毁，百姓、人口被掳，急遽为祟，占卜时许〔神〕以别的什么为替身禳之，〔神〕作祟愈急。又问：可否用亲人做替身，作祟就放慢了。如今听凭圣裁。'"于是在身边的托雷自愿让巫师诅咒他，喝了诅咒的水替斡歌歹汗死去。（§272）

布留尔在《原始思维》里指出："人类集体所居住的土地也是这个集体本身：它不能在其他任何地方居住，而其他任何集体假如想要占据这块土地并在它上面定居下来，它就会遭到最严重的危险。"① 这种没有必然联系的事情在原始人看来就是必然的，这就是原始思维的逻辑。以上例子中，斡歌歹汗南征病重，札惕解释地方风水原因，让其弟弟托雷喝札惕（诅咒的）水毒死。这种占卜行为的特征与原始思维的特征惊人相似，这是古代蒙古族

---

① 〔法〕列维-布留尔：《原始思维》，丁由译，商务印书馆，1981，第426页。

萨满思维的表现形式之一，也表明了古代蒙古族思维方式中的原始思维痕迹。著名蒙古学者沙·毕热在《蒙古文化》一书中断言：蒙古部族自古代（4世纪）到中期（8世纪）掌握多种"札惕方法"，尤其是在战役事务中辅助使用。①

《蒙古秘史》中还记载"ᠦᠯᠦ ᠦᠵᠡᠨ ᠠᠯᠠᠬᠤ ᠬᠦᠮᠦᠨ"（不见血杀人）习俗，这涉及古代蒙古族关于"ᠠᠮᠢ"［ami］（命）的认识和蒙古原始宗教萨满信仰。

古代蒙古人认为，人的"ᠠᠮᠢ"［ami］（命）存于血液当中，通过不见血杀的人，其生命可以延续。基于这样的认识和理念，成吉思汗对同一祖先的主儿勤氏的撒察·别乞、泰出二人；自年幼结为安答的札答阑部首领札木合；晃豁坛氏帖卜腾格理等人采取了不见血杀的方式进行处置。

萨满教是相信万物有灵的原始宗教。蒙古萨满认为，人有"三魂"："ᠠᠮᠢᠨ ᠰᠦᠨᠡᠰᠦ"［amin sunesu］（命魂）、"ᠲᠡᠨᠡᠭᠦᠯ ᠰᠦᠨᠡᠰᠦ"［tenugul sunesu］（游魂）、"ᠲᠦᠷᠦᠯ ᠤᠨ ᠰᠦᠨᠡᠰᠦ"［turul-in sunesu］（转世魂）。"命魂"与人的生命共存，人的生命终结时，它即离开躯体。"游魂"是可以暂时游离于身体之外而存在和活动的魂。例如，人特别惊吓时"游魂"就离体而去，人变得运气不好。"转世魂"是人死了之后可以转生的灵魂。②《蒙古秘史》记载，成吉思汗本来不想杀札木合，说："如今咱俩又相会了，咱俩仍还相伴为友吧……"（§200）但是札木合说："如今大汗安答你降恩，仍愿与我作友伴。但我以前当与你作伴时，不曾与你作友伴，如今安答你已经平定全国，兼并邻部，汗位已归属于你，天下已定，我与你作友伴又有何用？"（§201），并提出了这样的遗言："安答你降恩处死我吧，但愿不流血而死去就好。我死之后，请将

---

① 〔蒙〕沙·毕热：《蒙古文化史》（上），民族出版社，2010，第302页。
② 阿·朋斯格：《〈蒙古秘史〉风俗研究》，内蒙古人民出版社，2010，第215页。

我的尸骨埋葬在高地，我将长久保佑你的子子孙孙。"（§201）由此得知，"不见血杀"是古代蒙古族处置亲王、贵族的方式，"不流血死去"也是他们的奢望，最好的"死法"。这就说明，一是人有灵魂，死了之后还可以在暗地里能够保佑你的子孙后代，将尸体埋葬在高地，灵魂不会被破坏；二是不流血死相当于生命还在延续，比"活着"的还好（因为札木合本应该可以不死，但他宁愿选择"不流血"死）。这就是萨满思维在古代蒙古人思维方式中起作用的结果。

第四节　古代蒙古族神话思维

神话是人类最早的精神文化，作为原始先民集体智慧的结晶，它是现代文明各种传统文化、思想意识、艺术形式的源泉。"神话客观地反映了当时的现实状况，曲折地表述了原始人的情感和愿望，表现出原始先民特有的文化形态和思维方式，是人类智力进化中思维结构上的一个过渡阶段。"① 蒙古族神话与其他民族神话一样，内容丰富、涉及面广。满都呼教授将蒙古族神话分为开辟神话、人类起源神话、自然神话和动植物神话三大类。② 金海博士将蒙古族神话分为族源神话、自然现象神话、征服自然神话、文化起源神话、人类起源神话、宇宙起源神话等六大类20余种小类。③ 神话、传说作为文学概念，二者既有联系又有区别。本书合二为一，笼统地使用"神话"概念。

本书将《蒙古秘史》中记载的神话作为一种论证或命题，将其置于它所产生的历史文化背景下，从非形式逻辑视角分析它们的合理性和可接受性。这里所说的合理性和可接受性，不是按现

---

① 王增永：《神话学概论》，中国社会科学出版社，2007，第3页。
② 满都呼：《蒙古族神话简论》，《中央民族大学学报》（社会科学版）1997年第1期。
③ 金海：《蒙古神话的文化解读》，内蒙古大学博士学位论文，2005。

代人的思维和逻辑是否合理,也不是让我们现代人接受这些"离谱"的"谎言",而是分析对于当时的论证者与目标听众来说,为什么能够说服或接受的问题。也就是说,从这些神话传说中,分析古代蒙古人如何认识世界、看待问题的思维特点和说理方式。

《蒙古秘史》中记录了不少反映古代蒙古人现实生活和认识世界的神话传说。但是,按照"神话"定义的要求,《蒙古秘史》里的神话很多不是严格意义上的神话,而是在远古时期我国北方阿尔泰语系诸民族中广为流传的神话传说的"遗留"。

一 《蒙古秘史》中记载的神话传说及其解析

《蒙古秘史》中记录了以下几个神话传说:一是孛儿帖·赤那、豁埃·马澜勒神话;二是都蛙·锁豁儿神话;三是阿阑·豁阿无丈夫生子神话;四是阿阑·豁阿折箭训子传说;五是帖木真被困大山传说。

1. 孛儿帖·赤那、豁埃·马澜勒神话

《蒙古秘史》一开始就是以孛儿帖·赤那、豁埃·马澜勒神话为开头的:

> 成吉思汗的根源。奉天命而生的孛儿帖·赤那,和他的妻子豁埃·马澜勒,渡过大海而来,来到斡难河源头的不儿罕·合勒敦山扎营住下。他们生下的儿子为巴塔赤罕。(§1)

在《蒙古秘史》中,"孛儿帖·赤那"的旁译为"苍色狼","豁埃·马澜勒"的旁译为"惨白色鹿"。这一神话表达,"成吉思汗的根源",也就是蒙古族的远祖是苍狼和白鹿婚媾所生巴塔赤罕。亦即将苍狼、白鹿视为蒙古族的兽族。

孛儿帖·赤那、豁埃·马澜勒神话早已进入学者们的研究视野,特别是从文学角度研究《蒙古秘史》的学者们对该神话进行了广泛而深入的研究，发表诸多相关论著，提出了孛儿帖·赤那、豁埃·马澜勒神话的不同观点。有的学者认为，孛儿帖·赤那、豁埃·马澜勒是蒙古族的图腾；而有学者持反对意见，认为孛儿帖·赤那、豁埃·马澜勒是历史人物；也有持中立的观点，认为孛儿帖·赤那、豁埃·马澜勒不仅是蒙古人的图腾，而且也是历史人物。①

我们先看看孛儿帖·赤那、豁埃·马澜勒神话的历史文化背景。按《蒙古秘史》记载，孛儿帖·赤那、豁埃·马澜勒为成吉思汗第22代始祖。有人根据历史相对年每代为25年的计算法，粗略计算出孛儿帖·赤那、豁埃·马澜勒涉及时间大概为公元7世纪。②这样的推断虽然符合常理，但由于没有确切的历史记载，在科学的论证面前其说服力远远不够。因此，我们暂时使用"古代蒙古族"这一模糊概念来指称包括孛儿帖·赤那、豁埃·马澜勒在内的成吉思汗建立蒙古汗国的这一历史时代的蒙古族先民群体。

蒙古族先民与世界上其他古老民族一样，也度过了漫长的原始氏族社会时代。"对原始意识来说，个体、祖先和图腾则合而为一，同时又不失其三重性。"③ 就像"特鲁玛伊人（Trumai）（巴西北部的一个部族）说他们是水生动物。波罗罗人（邻近的一个部族）自夸是红金刚鹦哥（长尾鹦鹉）"④ 一样，蒙古族先民将"狼"和"鹿"为图腾崇拜对象。对此，学者们进行了详细的研究，并提出了各自相应的论据。

按《史记·大宛列传》《汉书·张骞传》记录的乌孙王昆莫被匈奴杀父，吃狼乳、乌鸦衔来的肉长大的故事，"在一般情况下，狼和乌鸦等走兽飞禽不可能抚养人类的婴儿。所以，以上史

---

① 巴·苏和：《20世纪中国的〈蒙古秘史〉文学研究概述》，《民族文学研究》2002年第2期。
② 德·达林泰：《〈蒙古秘史〉神话研究》，内蒙古人民出版社，2005，第67页。
③ 〔法〕列维-布留尔：《原始思维》，丁由译，商务印书馆，1981，第86页。
④ 〔法〕列维-布留尔：《原始思维》，丁由译，商务印书馆，1981，第70页。

籍所载文字中的狼和乌鸦均具有神的性格,是古代乌孙民族的图腾神"。① 《北史·突厥传》记载了突厥族阿史那氏是人和牝狼结合而生的族源传说。《周书·突厥传》记载表明,突厥始祖是"狼所生"。另外,那木吉拉教授还转引了柯尔克孜族以狼为兽族的神话传说和突厥语族哈萨克族关于一位年老力衰的巴特尔(英雄)被母狼救命后成为夫妻生子繁衍并发展为乃蛮部的传说。《魏书·高车传》记载了单于小女与雄狼婚媾生高车族始祖的族源传说。这些关于古代北方不同部落不同氏族图腾崇拜的记载,就像那木吉拉教授总结的那样,充分地说明了"在突厥、蒙古等阿尔泰语系诸民族中曾经流传以狼为图腾的观念。《北史》所记的阿史那氏传说、《史集》所载蒙古传说、哈萨克族的乃蛮部落传说、柯尔克孜族的'卡巴'部落传说以及维吾尔人被神狼救助神话传说均来自一个原型"②。

了解了这些关于阿尔泰语系诸民族先民兽族崇拜或图腾崇拜的信仰文化背景以及古代蒙古民族具有狼鹿双重动物图腾崇拜之后,《蒙古秘史》中孛儿帖·赤那、豁埃·马澜勒神话关于蒙古族始祖是狼和鹿结合所生的论点不为奇怪,其中的奥秘也就迎刃而解了。亦即,蒙古族的始祖不是真正狼和鹿两个动物所生,孛儿帖·赤那、豁埃·马澜勒神话是古代蒙古族图腾崇拜意识在人们思维中遗留的产物。

2. 都蛙·锁豁儿神话

《蒙古秘史》记载都蛙·锁豁儿神话如下:

> 都蛙·锁豁儿的额中生了一只独眼,能望见三程远的地方。(§4)

---

① 那木吉拉:《狼图腾——阿尔泰兽祖神话探源》,民族出版社,2009,第14页。
② 那木吉拉:《狼图腾——阿尔泰兽祖神话探源》,民族出版社,2009,第29页。

"锁豁儿"（ᠰᠣᠬᠣᠷ）为"盲人"之意，都蛙·锁豁儿既是"瞎子"又"能望见三程远的地方"，这是一个有明显逻辑矛盾的命题。如果这是一个不符合常理的逻辑矛盾的话，他"额中生了一只独眼"更加增添了这一命题的神秘色彩。

都蛙·锁豁儿是否盲人，暂且不论。我们先看看"三程"（"程"字原文为"捏兀里"）的不同解释：

（1）额尔登泰等人指出，"捏兀里"为"里程，即游牧民从这一个牧场迁移到另一个牧场中间的距离"①。

（2）札奇斯钦解释："一时无法说明一程究有多少里。蒙古在废止驿马站制度之前，通常以三十华里左右为一程之地。"②

（3）余大钧解释为"三天行程远的距离"③。

（4）道润梯步称："若以牧民一次迁徙之距离为三十里计为一程。那么，三程即约有百里远。"④

（5）阿尔达扎布在引述相关解释之后补充说："蒙古游牧民根据周围草水的好坏、多少等条件，来决定在该地居住时间的长短和下次搬家的行程的远近，所以行程的远近就不能一样。"⑤

总之，"三程"的准确距离不好确定，但可以肯定绝不是一般人的肉眼能够看见的距离。解释都蛙·锁豁儿能够看见这么远的距离有两种可能：一是他额中的独眼是神眼，能够看见一般人看不见的距离⑥；二是当时的蒙古族先民忽略这种既是"瞎子"又

---

① 额尔登泰、乌云达赉、阿萨拉图：《〈蒙古秘史〉词汇选释》，内蒙古人民出版社，1980，第135页。
② 札奇斯钦：《〈蒙古秘史〉新译并注释》，联经出版事业公司，1979，第8页。
③ 余大钧译注《蒙古秘史》，河北人民出版社，2001，第8页。
④ 道润梯步：《新译简注〈蒙古秘史〉》，内蒙古人民出版社，1979，第6~7页。
⑤ 阿尔达扎布：《新译集注〈蒙古秘史〉》，内蒙古大学出版社，2005，第24页。
⑥ 在汉族的古代传说中也有这样的人物。如离娄即为传说中能望得很远的人。见《慎子》："离娄之明，察秋毫之末于百步之外。"又见《孟子·离娄上》："离娄之明。"注："离娄者，古之明目者。盖以为黄帝之时人也。黄帝亡（丢失）其玄珠，使离朱索之。离朱即离娄也，能视于百步之外，见秋毫之末。"

"能望见三程远"距离的逻辑矛盾。

3. 阿阑·豁阿无丈夫生子神话

与上述两个神话比较,阿阑·豁阿无丈夫生子神话在内容和形式上都比较完整。《蒙古秘史》记载如下:

  住了一段时间,朵奔·篾儿干死去了。朵奔·篾儿干死去后,阿阑·豁阿没有丈夫寡居,却又生下了三个儿子,一个名叫不忽·合答吉,一个名叫不合秃·撒勒只,一个名叫孛端察儿·蒙合黑。(§17)

  朵奔·篾儿干生前所生下的两个儿子别勒古纳台、不古纳台,暗中议论自己的母亲阿阑·豁阿说:"咱俩的母亲没有〔丈夫的〕兄弟、房亲,也没有丈夫,却又生下了这三个儿子。家里只有巴牙兀惕部人马阿里黑。这三个儿子是他的儿子吧?"他们俩这样地暗中议论自己的母亲,被他们的母亲阿阑·豁阿觉察到了。(§18)

  于是,他们的母亲阿阑·豁阿说道:"我的儿子别勒古纳台、不古纳台你们俩,怀疑我这三个儿子是怎么生的,是谁的儿子?你们的怀疑也有道理。"(§20)

  "每夜,有个透明的黄色的〔神〕人,沿着房的天窗、门额透光而入,抚摸着我的腹部,那光透入我的腹中。那〔神〕人随着日、月之光,如黄犬般伏行而出。你们怎么可以轻率地乱发议论?这样看起来,由那〔神〕人所出的儿子分明是上天的儿子。你们怎么能与黎民百姓的行径相比拟而加以议论。将来做了普天下的君主时,下民才能够明白这个道理。"(§21)

从别勒古纳台、不古纳台暗中议论自己母亲的情况能够判断,阿阑·豁阿无丈夫生子神话的产生,已经是女性无丈夫生子在伦理道德上受到谴责的年代，按照我们现代人的逻辑，无法找到合适的理由解释如此不光彩的事情。但是，阿阑·豁阿解释得很完美，对自己"不伦"之事找出了合适的理由，让朵奔·篾儿干生前所生下的两个儿子别勒古纳台、不古纳台欣然接受。别勒古纳台、不古纳台的接受也代表着当时的蒙古社会即古代蒙古人的心理和观念当中能够接受这一解释。

阿阑·豁阿的解释最后的定论为：我无丈夫所生的三个儿子是"上天的儿子"。其理由是：由于"每夜，有个透明的黄色的〔神〕人，沿着房的天窗、门额透光而入，抚摸着我的腹部，那光透入我的腹中"而怀孕，"那〔神〕人随着日、月之光，如黄犬般伏行而出"。由此可以推断，使阿阑·豁阿受孕生孛端察儿等三个儿子的要素有三个——黄色神人、光、黄犬。同时还有两条辅助性论据：一是神人的行为不能与普通人的行为相提并论；二是我所生儿子"将来做了普天下的君主时，下民才能够明白这个道理"。从这一解释过程和论据中，我们能够分析总结古代蒙古族的一些思维特征。

4. 阿阑·豁阿折箭训子传说

阿阑·豁阿折箭训子传说是最具民族特色的传说，《蒙古秘史》记载如下：

> 春天时，有一天，煮着腊羊肉。阿阑·豁阿让五个儿子别勒古纳台、不古纳台、不忽·合答吉、不合秃·撒勒只、孛端察儿·蒙合黑并排坐下，每人给予一支箭（杆），让他们折断。一支箭杆有什么难折断？他们全都折断抛弃了。阿阑·豁阿又将五支箭杆束在一起，让他们折断。他们五人轮流着来折束在一起的五支箭杆，都没能折断。（§19）
>
> 阿阑·豁阿又教训自己的五个儿子，说道："我的五个儿子，你们都是从我的肚皮里生出来的。如果你们像刚才五支

箭般的,一支、一支地分散开,你们每个人都会像单独一支箭般的被任何人很容易地折断。如果你们能像那束箭般地齐心协力,任何人也不容易对付你们!"(§22)

这一传说是与上面提到的阿阑·豁阿无丈夫生子神话连为一体的。阿阑·豁阿无丈夫生三个儿子后,与朵奔·篾儿干所生两个儿子别勒古纳台、不古纳台议论母亲,并不视不忽·合答吉、不合秃·撒勒只、孛端察儿·蒙合黑为自己亲兄弟。在这种情况下,阿阑·豁阿解释自己无丈夫生子的同时,用上述方式教训了五个儿子。

5. 帖木真被困大山传说

《蒙古秘史》中记载帖木真被困大山的传说如下:

帖木真在森林里住了三天,想要出去,牵着马正走着,他的马鞍子〔从马背上〕脱落下来了。他回头一看,见板胸仍旧扣着,肚带仍旧束着,而马鞍却脱落了。他〔自言自语地〕说:"肚带束着,马鞍脱落倒还有可能,这板胸扣着,鞍子怎么会脱落下来呢?莫不是上天阻止我〔走出去〕?"于是,他走回〔密林里〕又住了三夜。再次走出来时,〔却见〕密林出口处有帐庐般大的一块白石倒下来塞住了出口。他说:"莫不是上天阻止我〔走出去〕?"他就又走回〔密林里〕住了三夜。就这样共住了九夜,吃的东西没有了。他说:"与其这样无声无息地死去,不如走出去吧。"可是密林出口阻塞着那块倒下来的大如帐庐的白石,不能从白石周围走出去。〔帖木真〕就用他的削箭的刀,砍断一些树木,牵着马一步一滑走出来。〔刚走出密林出口,帖木真〕就被泰亦赤兀惕围守者捉住带走了。(§80)

这个传说记述了帖木真年幼时，父亲也速该巴阿秃儿被塔塔儿害死后，泰亦赤兀惕部不仅抛弃帖木真孤儿寡母，还想将帖木真置于死地，进行追杀，于是帖木真被迫躲进深山密林，从深山密林中出来时遇见的两件事情及帖木真对此事的理解或解释：帖木真从密林出来时，板胸扣着、肚带束着而马鞍子却脱落了。稍有牧区生活知识的人都会知道，这是很不正常甚至是不可能的事情。面对这样不正常现象，帖木真的解释或答案是"上天阻止我呢"，所以不能出去。第二次出来时，帐庐般大的一块白石倒下来塞住了密林出口。帐庐般的大石头自己倒下来也是不符合自然规律的，属于非正常现象，而且正好堵住了帖木真的出路更为蹊跷。对这样蹊跷的非正常现象，帖木真的理解仍然是"上天阻止我呢"，不能出去。过了九天九夜之后，帖木真无法忍受，于是不顾"上天的阻止"从密林中出来，被泰亦赤兀惕围守者捉住。

二　古代蒙古族神话思维

按照现代人的理解和认识，神话是人类初民对自然现象、社会生活及其本质的歪曲的反映，是"不自觉幻想"的产物。但是，对于原始人类来讲，神话是他们认识世界、认识自身所迈出的实质性的一步，是他们"思维"的全部或本质。蒙古族与其他古老民族一样，也度过了不明时期的漫长的神话时代，创造了丰富的神话文化。我们在前面也曾提及，蒙古族的神话涉及宇宙的形成、人类的起源、自然万物等诸多领域。这些在漫长的历史岁月中形成的神话因素，影响其后人的思维。我们所谓的神话思维，是指从远古时代广为流传的神话因素影响人们认识世界、看待问题的思维认知行为的一种思维方式。

前面已经提到的都蛙·锁豁儿神话中，产生都蛙·锁豁儿既是盲人又能够看见三程远距离的矛盾有两种可能。先看第一种可能：都蛙·锁豁儿额中有一只能望见一般人看不见距离的神眼。按现有逻辑，这又是一个假命题，没人相信。那么当时的蒙古族先民为什么能够接受这样的论述呢？我们依然回到当时的历史文化背景中思考这一问题。众所周知，独眼巨人的神话是古代北方游牧民族中广为流传的神话故事。陈岗龙对古代蒙古、希腊、意大利等不同地区不同民族关于"独眼巨人"神话故事的情节母题进行过详细比较，指出，"独眼巨人的故事也经历了远古山神崇拜→神话、传说英雄→民间故事的三个阶段"，并初步推测独眼巨人的原型来自东方的突厥—蒙古民族原始萨满教的山神崇拜。[①] 因此，都蛙·锁豁儿既是盲人又能望见三程远的距离的逻辑矛盾，是受到当时广为流传的"独眼巨人"神话影响的结果。对此，德·达林泰说："都蛙·锁豁儿神话是古代蒙古历史人物和神话因素的相互渗透，这种真实和想象的统一就是该神话逻辑矛盾的秘密所在。"[②] 从另一方面分析，都蛙·锁豁儿额中生了一只独眼，能够望见三程远的地方，也是在茫茫无边的草原上以游牧方式生活的古代蒙古族先民能够看到天边景象的美好愿望的产物。

按我们现代人的思维，第二种情况更为荒唐，但布留尔曾分析指出："作为神秘的思维的原始人的思维也必然是原逻辑的思维，亦即首先对人和物的神秘力量和属性感兴趣的原始人的思维，是以互渗律的形式来想象它们之间的关系的，它对逻辑思维所不能容忍的矛盾毫不关心。"[③] 那么，古代蒙古先民思维里具有一定的原始思维因素，忽略或"毫不关心"这种"不能容忍的矛盾"吗？鞠实儿在用阿赞得人（居住在尼罗—刚果分水岭的黑人民族）关于巫术信念的实例说明逻辑文化相对性时，引证了埃文斯—普

[①] 陈刚龙：《论蒙古族的独眼巨人故事》，《西北民族研究》1996 年第 1 期。
[②] 德·达林泰：《〈蒙古秘史〉神话研究》，内蒙古人民出版社，2005，第 93 页。
[③] 〔法〕列维-布留尔：《原始思维》，丁由译，商务印书馆，1981，第 98 页。

里查德的调查结论:"阿赞得人并未如同我们那样在其论证中理解到矛盾的存在。"① 其中的奥妙或原因归结于他们所处的社会、文化因素以及论证的目的与语境、规则制约等因素。因此,古代蒙古族先民不是没发现或不关心这种明显的逻辑矛盾,而是在神话传说影响较深的文化背景和能够望见更远距离的急切愿望下,这种命题符合他们的思维需求和审美标准。

另外,阿·朋斯格在《〈蒙古秘史〉风俗研究》一书中提供的一个新的学术信息,值得我们进一步考证。他认为:"《蒙古秘史》有很严密的禁忌词体系。按照蒙古族禁忌传统习俗,对人的某一缺陷是回避或用其他词来代替。从这一习俗出发,对视力不好或盲人不能直接叫'锁豁儿'(盲人)。古代蒙古社会也许有'锁豁儿'的称号。北元时期,蒙古官号中有'出豁儿'(ᠴᠤᠬᠤᠷ)[chuhur]。蒙古语有'ᠴ'[ch]、'ᠰ'[s]音有时候互相替换的规则,因此,可能以[sohor]—[chohor]—[chuhur]变化而来。"② 如果这一学术观点成立,都蛙·锁豁儿神话就不存在逻辑矛盾,单属古代"独眼巨人"神话影响的结果。

同样,阿阑·豁阿神话中,阿阑·豁阿解释无丈夫所生三个儿子的三个要素中的"光"是明显受古代北方诸民族感应受胎神话的影响。蒙古国学者 Ш. 比拉指出:"仔细研究蒙古族先祖母阿阑豁阿在其丈夫辞世之后,由于光的透入有了身孕的神话,可以发现它具有古代东方宗教神话故事的痕迹。尤其明显的是与古代伊朗人的琐罗亚特教和摩尼教崇拜'光'的习俗有关。"③

---

① 鞠实儿:《论逻辑的文化相对性——从民族志和历史学的观点看》,《中国社会科学》2010 年第 1 期。
② 阿·朋斯格:《〈蒙古秘史〉风俗研究》,内蒙古人民出版社,2010,第 82 页。
③ 〔蒙〕Ш. 比拉:《〈蒙古秘史〉简论》,《蒙古学资料与情报》1990 年第 3 期。

第五节　古代蒙古族形象思维

"对于思维形式，传统的看法是认为它由形象（直觉）思维、抽象（逻辑）思维和灵感（顿悟）思维组成。"① 形象思维不仅是理性认识活动，而且与抽象思维一样具有普遍性，也是人类的一种基本思维形式。特别是人类社会的早期阶段，形象思维是人类认识世界的主要的思维方式。特·额尔敦陶克套、满都夫曾系统论述蒙古族的传统形象思维，并认为，蒙古族理论思维和逻辑思维形成之前，形象思维占据主导地位，在古代蒙古族文化方方面面起到了重要作用。②

笔者在《〈蒙古秘史〉逻辑思想研究》中对《蒙古秘史》的人名、地名、部族名进行了系统研究，所得出的结论与以上学者们的观点基本一致，即形象思维在古代蒙古族思维方式中占据主导地位。首先从人名的分析看，长相、身份、性格等方面的显著特征是人名的主要内容，也就是说，古代蒙古族给一个人命名的时候，思维重心在于被他们最容易发现和掌握的形象特征上。例如，当我们听到"也客·你敦"（"也客"为"大"的意思，"你敦"为"眼睛"）这个名字时，自然而然想象出一个大眼睛的人；听到"不花·帖木儿"（"不花"为公牛，"帖木儿"为铁）的名字时，在我们眼前就会出现像公牛一样壮实、用铁棍打也轻易打不倒的硬汉；叫"阿答儿吉歹"（好嫉妒）的时候，就能想象一个处处攀比别人、好嫉妒人的形象。

其次，从地名分析看，《蒙古秘史》中几乎所有的地名都是以地形地貌等特征来命名的，没有像晚期形成的地名那样包含更深

---

① 高隆昌、卢淑和、李宗昉：《思维科学概论》，西南交通大学出版社，2004，第83页。
② 特·额尔敦陶克套、满都夫：《蒙古族传统形象思维》，内蒙古人民出版社，2001，第149页。

层次的文化内涵。简单举例如下。

迭里温·孛勒答合（§59）：是帖木真的出生地，这里的"迭里温"（ᠳᠡᠯᠢᠭᠦᠨ）是"脾脏"的意思，"孛勒答合"（ᠪᠤᠯᠳᠠᠬ）为"孤山"的意思。人和动物的脾脏均为椭圆形状，这一孤山形状似人或动物的脾脏，因此命名为"迭里温·孛勒答合"。据蒙古国达·巴扎儿呼日考证，此地在蒙古国"宾达日亚苏木东南3千米，离斡难河2千米，北纬48°35′、东经110°38′处"①。

失剌·客额列（§67）：这是帖木真父亲也速该巴阿秃儿被塔塔儿人伤害的地方。"失剌"（ᠰᠢᠷ᠎ᠠ）为"黄色"的意思，"客额列"（ᠬᠡᠭᠡᠷ᠎ᠡ）为"原野"的意思，蒙古语里也叫"塔拉"（ᠲᠠᠯ᠎ᠠ）。草原上的黄花有个显著特点是一片一片地生长，长黄花的那一片草原可以说是黄色的海洋。此地就由此得名。据考证，"失剌·客额列"在现蒙古国境内"北纬48°27′、东经115°00′处"②。

朵罗安·孛勒答合（§136）："朵罗安"为"ᠳᠣᠯᠤᠭᠠᠨ"［doloo］的音译，意为"七"，"朵罗安·孛勒答黑"即七个孤山（"孛勒答合"为孤山，见上一条地名解释）。

从这些"一望知其意"的简单明了的地名，我们不仅能够体会到古代蒙古族形象思维的结晶，也能想象那古老的游牧生活场景和独特的自然环境。

再次，从部族名分析看，古代蒙古人没有刻意给某一部落起什么理想的名称，而是谁的后代人口增长到一定规模之后，就以他的名字命名这一部族，以便与其他部族相互区别。或者用他们崇拜的图腾动物来命名自己的部族，或者用某种显著特点来命名这一群人所在的部族。例如，由都蛙·锁豁儿四个儿子及其子孙

---

① 〔蒙〕沙·沙格达尔、桑·丹丁苏荣：《蒙古秘史中的山水地名》（赛音宝音转写），内蒙古教育出版社，2010，第23页。
② 〔蒙〕沙·沙格达尔、桑·丹丁苏荣：《蒙古秘史中的山水地名》（赛音宝音转写），内蒙古教育出版社，2010，第23页。

后代组成的氏族,就叫作"朵儿边"(四个)部;生活在森林地带的部族,就叫作斡亦剌惕(森林百姓)等,都是直观的形象思维的结果。

诗歌是想象力极为丰富的文学体裁之一。诗的语言既精炼又形象。形象即形体的印象,是主观对客观的反映。诗歌更需要丰富的联想,从思维的角度分析,诗歌离不开形象思维。《蒙古秘史》中的诗歌采用丰富的联想,用形象生动的语言描述将客观事物、各种现象展现在眼前。充分体现了古代蒙古族高度发达的形象思维。例如,"此(诚)如咬其胞衣之合撒儿狗,如驰冲山峰之猛豹焉。如难抑其怒之狮子焉。如欲生吞之莽魔焉。如自冲其影之海青焉。如窃吞之狗鱼焉。如噬其羔蹄之风雄驼焉。如乘风雪而袭之狼焉。如难控其仔而食之狼鹘焉。如护其卧巢之豺焉。如捕物不贰之虎焉。如狂奔驰冲之灵獒焉"(§78)中,诃额仑兀真将以"咬其胞衣的狗""驰冲山峰的猛豹""难抑怒气的狮子""囫囵生吞的莽魔""冲自己影之海青"等猛兽烈禽的凶残行为形象地比喻帖木真、合撒儿二人杀死自己同父异母兄弟别克帖儿的恶劣行为。再比如"其额生铜也,其喙凿子也。其舌锥子也,其心则铁也,其鞭钚刀也。食露乘风而行之者也。于争战之日,乃以人肉为食焉。于相接之日,乃以人肉为糇焉。今各脱其索链,喜得其不拘系,乃如是奋勇而来也"(§195)中,札木合用极为夸张的语言,形象地描述奔向乃蛮部塔阳汗进攻的成吉思汗"四个狗":"额像生铜、嘴像凿子、舌像锥子、心如铁","争战之日,以人肉为食"等词语,极为夸张、形象,惟妙惟肖,威武、勇猛甚至一见就使人惧怕的人物形象展现在我们眼前。

满都夫先生提出了《蒙古秘史》的思维方式为形象思维方式的观点。他断言:"从《蒙古秘史》与它史前英雄史诗及格言谚语的历史联系,人们可以看到:在系统概念化的理论思维——伴随精神劳动和意识形态的分工——而诞生之前,形象思维是人类思维进程中人们掌握表述真理的普遍的思维表达方式，并且直观感性意识领域是最高的思维形式。它是在人们感性具体认识理解基础上，形象地概括真理性认识，把真理性内容形象地表述的思维表达方式。……事实上，时至今日，对一些民族，尤其对一些民族的人民群众即对没有理论思维能力的民众来说，形象思维仍然是他们把握真理和理解哲理的基本的思维方式。因此，更不必说对理论思维还没有产生之前的13世纪的蒙古族来说，形象思维是他们掌握真理和理解哲理的最基本的思维表达方式，既有直接利用自古代以来即成的形象化的思维材料，又有人们在现实关系的感性具体认识基础上形象地概括的新的真理性认识及其思想。"①

---

① 满都夫：《〈蒙古秘史〉的思维形式》，《内蒙古社会科学》1993年第3期。

第三章

古代蒙古族逻辑思维

按传统观点，抽象思维才属于逻辑范畴。抽象思维以概念、判断、推理的形式揭示事物的本质规律，反映人们间接地、概括地认识世界的能力。但作为人们认识世界的最基本的、最直接的思维形式之一，形象思维"在一定意义下还有同抽象思维一样的逻辑性特征，就是形象化概念、形象化推理、形象的判断的形象逻辑发展过程"①。形象思维和抽象思维之间并不是矛盾关系。

综观古代蒙古族思维方式和思维特点，虽然形象思维在古代蒙古族思维方式中占主导地位，但也不能从古代蒙古族认识世界的舞台上撵走抽象思维，从而给人一种古代蒙古族只有形象思维，没有抽象思维的错误认识。

第一节 《蒙古秘史》中的概念系统

类概念的形成一定程度上证明逻辑思想的产生。仅以《蒙古秘史》为例，古代蒙古族已经有了丰富的类概念。

---

① 刘奎林、杨春鼎：《思维科学导论》，工人出版社，1989，第175页。

一　人名中的类概念

古代蒙古族人名当中，以"歹"（🐴）或"台"（🐴）的词缀表示男性名字，以"真"（🐴）、"臣"（🐴）或"仑"（🐴）的词缀表示女性名字；例如：孛罗勒歹·速牙勒必（🐴）、孛罗黑臣·豁阿（🐴）、巴儿忽歹·篾儿干（🐴）、巴儿忽真·豁阿（🐴）、不古纳台（🐴）、别勒古纳台（🐴）、马阿里黑·伯牙兀歹（🐴）、札只剌歹（🐴）、土古兀歹（🐴）、巴阿里歹（🐴）、沼兀列歹（🐴）、那牙吉歹（🐴）、把鲁剌台（🐴）、阿答儿吉歹（🐴）、兀鲁兀歹（🐴）、忙忽台（🐴）、失主兀歹（🐴）、朵豁剌歹（🐴）、别速台（🐴）、别勒古台（🐴）、札儿赤兀歹（🐴）、孛罗勒歹（🐴）、主儿扯歹（🐴）、只儿豁阿歹（🐴）、合儿答乞歹（🐴），等等。

在部族名中用"🐴"[nogod]、"🐴"[nugud]、"🐴"[d]、"🐴"[s]、"🐴"[nar]、"🐴"[n]等词缀表示复数，均属于古代蒙古语中类概念的语言表达形式。例如：豁里·秃马惕（🐴）、札儿赤兀惕（🐴）、别勒古纳惕（🐴）、不古纳惕（🐴）、把鲁剌思（🐴）、兀鲁兀惕（🐴）、忙忽惕（🐴）、泰亦赤兀惕（🐴）、别速惕（🐴）、雪你惕（🐴）、合卜秃儿合思（🐴）、格泥格思（🐴）、阿亦里兀惕（🐴）、备鲁兀惕（🐴）、乞塔敦（惕）（🐴）、篾儿乞惕（🐴）、斡勒忽纳兀惕（🐴）、翁吉剌歹（惕）（🐴）、速勒都孙（🐴）、客列亦惕（🐴）、兀都亦惕篾儿乞敦（🐴）、塔儿忽敦（惕）（🐴）、尚失兀惕（🐴）、巴牙兀（惕）（🐴）、豁罗剌思（🐴）、亦乞列思

（🔲）、撒合亦惕（🔲）、赤那思（🔲）、斡亦刺惕（🔲）、畏亦忽敦（惕）🔲、唐忽惕（🔲）、汪古敦（惕）（🔲）、汪豁只惕（🔲）、合儿鲁兀的（🔲）、脱斡劣思（🔲）、捏古思（🔲）、不里牙惕（🔲）、兀儿速惕（🔲）、合卜合纳思（🔲）、康合思（🔲）、秃巴（思）（🔲）、乞儿吉速惕（🔲）、巴亦惕（🔲）、秃合思（🔲）、脱额列思（🔲）、巴只吉（惕）（🔲）、斡鲁速惕（🔲）、马札剌惕（马札儿）（🔲）、阿速惕（🔲）、撒速惕（🔲）、薛儿客速惕（🔲）、莎朗合思（🔲），等等。

二　在社会领域中的类概念

既有"亦儿坚"或"亦儿格"（🔲）[irgen]（百姓）、"古温"（🔲）[humun]（人）等类概念，又有与其同类的丰富的子概念。例如，从社会地位和身份分为"可汗"（皇帝）、"罕"（部落首领）、"那颜"（官人）、"哈阑"（百姓）、"合剌除思"（下人）等；从私人关系角度，那可儿（伴当）、安答（契交朋友）、歹亦速纳（敌人）等；从工种的分类，额勒赤（使者）、扯里黑（兵）、豁儿臣（弓箭手）、客卜帖兀列（宿卫）、保兀儿臣（厨师）、阿黑塔臣（马倌）等。

"兀鲁黑"（🔲）是古代蒙古族社会领域的一个特殊类概念，根据是否有血缘关系，把人分为"兀鲁黑"（🔲）和"札惕"（🔲）。关于此特点，《蒙古社会制度史》记载："在古代蒙古氏族的每一成员看来，同族的人是兀鲁黑~兀鲁克（urux~urug），因而，'这个氏族的子孙、后裔'，也就是'亲属、宗族、同族'；同时，一切异氏族的人都是札惕（jad）'异族人，外人'；

这就是说,一切人被分为兀鲁黑和札惕。"① 在"兀鲁黑"里亲属的称谓特别丰富:孛儿孩(高祖)、额邻出(曾祖)、额不格思(祖宗)、额赤格(父亲)、额客(母亲)、额列(丈夫)、格儿该(妻子)、可温(儿子)、斡乞(女儿)、阿合(哥哥)、迭兀(弟弟)、别儿格(嫂子)、阿巴合(叔叔)、纳合出(舅舅)、忽答(亲家)、者额(外甥)、古列坚(女婿),等等。就此,日本学者很惊讶地称:"根据常识,蒙古族是一个逐水游牧、贱老而喜壮的民族,但意外的是,与亲属称谓方面贫乏的日本民族相比,却是很丰富,称谓有父方、母方亲属之别,对祖先有上至七代、对子孙有下至五代(具体的称呼尚不明确)的称谓。"②

对"斡孛黑"(姓氏)的认识,也能够体现古代蒙古族思维发展过程和抽象思维的成熟程度。图·乌力吉教授结合古代(更早的不明时期)蒙古族先民关于女性生殖器崇拜的相关信息,以蒙古语语音变化规律为依据,从蒙古语词源学和文化学的角度提出了"🝆"("斡孛黑"即姓氏)的由来:"🝆"→"🝆"→"🝆"→"🝆"→"🝆"→"🝆"③。即,在母系氏族社会,蒙古族先民与其他民族先民一样,女性具有较高的社会地位,他们把自己的生命与女性(母亲)的生殖器联系,将神秘、神圣的女性生殖器作为崇拜信仰对象,由表达女性生殖器官的"🝆"[omai]慢慢发生语音变化演化为"🝆"[omog~obog]④,将同母所生后代视为同"斡孛黑"。在这一点上,与汉族有相似性。"汉语的第一个语言是八,八是女性生殖器的称呼,八

---

① 〔苏〕Б. Я. 符拉基米尔佐夫:《蒙古社会制度史》,刘荣焌译,中国社会科学出版社,1980,第95~96页。
② 〔日〕小林高四郎:《蒙古族的姓氏和亲属称谓》,《蒙古学资料与情报》1987年第1期(乌恩摘译自《蒙古史论考》,日本雄山阁出版社,1983)。
③ 图·乌力吉:《古代蒙古人文化思维》,内蒙古大学出版社,1997,第56页。
④ 蒙古语科尔沁方言里,将"🝆"[obog]发[omog]的音。

字是女性生殖器的符号象征。"① 在汉族文化里,"姓"代表血缘关系,指血统来源,连"姓"字本身也是由"女""生"二字合成的。②

"🐂"("斡孛黑"即姓)是抽象性极强的概念,它作为类概念,包含很多子概念,本书所分析的蒙古族各个部族都被包含于"斡孛黑"这一类概念。亦即,古代蒙古族将人以血统的统一性为依据,舍弃其他非本质性质,视作一个"斡孛黑"。

三 自然界中的类概念

下面,以地理通名和野生动物名称为例,诠释古代蒙古族自然领域的类概念情况。

蒙古国 Ц. 道格苏伦曾介绍《蒙古秘史》里出现的 60 多个地理通名,认为:"《蒙古秘史》里的地理通名流传至今,除个别词例外,几乎全都保留了原来的音与义。蒙古人早在十三世纪时就已具备了极丰富的地理知识。"③ 古代蒙古语中关于大自然的山川、江河、林木的概念极为丰富,并普遍使用通名。关于山的概念有:阿忛剌(山)、合答(崖、峰)、阿马撒儿(山口)、札八(崖缝)、答巴阿(岭)、昆(崖)、孛勒答合(孤山)、你鲁温(山脊、山脉)、豁儿吉勒(峰顶)、豁儿埋(山脚)、豁失温(山嘴)、合卜察勒(山峡)、速卜赤惕(山峡)、斡勒客思(山下地带)等;关于草原的概念有:客额仑(原野)、额秃坚(地)、阔迭额(野外)、乞札阿剌(边际)、阔迭格儿(高地)、温都儿(高地)、脱窟木(平滩)、川勒(荒野)、别剌赤里(川)等。关于江河的概念有:腾汲思(海)、沐涟(河)、纳浯儿(海子)、

---

① 王增永:《神话学概论》,中国社会科学出版社,2007,第83页。
② 干春松、张晓芒:《中国传统文化百科全书》,经济科学出版社,2008,第548页。
③ 〔蒙〕Ц. 道格苏伦:《〈蒙古秘史〉中的地理通名》,《蒙古学资料与情报》1985年第3、4期。

不剌黑（泉）、阿剌勒（岛）、扯额勒（深水）、豁勒（涧）、忽都兀（井），等等。

布留尔曾在《原始思维》中称："在澳大利亚，土人们'对所有较亮的星、一切地形特点、每一处高地、每一个沼泽、每一个河湾等等都有名称，但对河本身却没有名称。'……在三比西河地区，'每座小山丘、小山、大山和山脉上的每座山峰，都有自己的名字；每条河、小溪和平原也是这样'。实际上，一个地方的每个部分、每种地形特征，都是由相应的名称区别得这样清楚，以至一个人必须花上整整一生的时间才能辨清它们的意思。"① 与其比较，古代蒙古族不仅对一切地形特点、每一处高地、每一个沼泽、每一个河湾等都有名称，而且还有包含这些具体名称的类概念。在这一点上，古代蒙古族的思维方式，与布留尔所描述的原始思维有明显的区别。仅以"阿兀剌"（山）为例，在《蒙古秘史》中，不仅有"阿兀剌"（山）这样的地理通名（类概念），几乎被提到的每座山都有专名。例如，不儿罕·合勒敦、都亦连、阿卜只阿·阔迭格里、阿勒台、合剌温质都，等等。游牧业经济与农业经济比较，对大自然的接触面更为广阔，对不同地理环境接触的机会更多。因为一年四季"逐水草而居"的游牧生活选择冬营地、夏营地时十分关注草场的生长态势，注意是否有利于牲畜的生长、繁殖，因此，对他们所生活环境的山山水水可以说了如指掌。而且空间视野宽，往往在方圆几百里的草原上游牧，甚至要进行更远距离的迁徙。这是游牧经济的本质需要，也是必然结果。而这反映在他们的思维中，就必须在缺乏明显地标参照物的辽阔的草原上，将每一个区域的细节以概念的形式进行表达。

在野生动物（包括禽类）方面，具有"戈劣额孙"（旁音为

---

① 〔法〕列维-布留尔：《原始思维》，丁由译，商务印书馆，1981，第168页。

"野物")的类概念，同时有不驢①罕（貂鼠）、客列门（松鼠）、辍额不忽（三岁鹿）、塔儿巴合（旱獭）、窟出古儿（野鼠）、赤那（狼）、合儿赤孩（黄鹰）、那豁惕（鸭子）、合㺢②兀（雁），等等。

另外，《蒙古秘史》中有关游牧经济的词汇特别丰富，从逻辑概念理论角度分析，具有属种关系的概念比比皆是，能够充分反映古代蒙古概念系统里已经有成熟的类概念范畴。

四 饮食类概念

布仁巴图教授对《蒙古秘史》中的词汇进行系统研究，其中饮食类概念极为典型。总的类概念——"温丹"，旁译为"饮"。据布仁巴图教授统计，"温丹"在《蒙古秘史》出现8次，其中原词出现5处，分别在第124、173、232、278、279节。此外由"温丹"派生的词出现4处。《蒙古秘史》除了饮食类概念"温丹"以外，还有很多子概念，例如奶类饮品"循"（旁译为乳）、"额速吉"（旁译为热马奶子）、"塔剌黑"（旁译为酪）；酒类有"孛儿"（旁译为葡萄酒）、"答剌速纳"（旁译为酒行）。另外也有"兀孙"（旁译为水）和特殊的水"主格儿坚兀速"（旁译为诅水）和"失兀迭里"（旁译为露）等（详见布仁巴图、特日格勒等《〈蒙古秘史〉词汇研究》，内蒙古人民出版社，2018，第246~256页）。

五 军事类概念

古代蒙古族军事概念特别丰富。而且概念的分类很清楚，类概念和子概念明确，体现了古代蒙古族先民在军事思维中的逻辑

---

① "lu"字用同音字代替，电脑汉字字库中未见《蒙古秘史》原文中的字。
② "lao"字用同音字代替，电脑汉字字库中未见《蒙古秘史》原文中的字。

因素。例如，统称兵器的类概念叫"折儿折卜薛克"。在这一类概念之下，有很多只荅（枪）、秃黑（旗）、努木速木（弓箭）、不合兀（木枷）、忽牙黑（铠甲）、可兀儿格（战鼓）、帖儿坚（车）、乞秃孩（刀子）、把里阿思（捆绑的绳子）、速客（斧子）、兀哈里（锛子）、乞鲁额（锯子）、失兀赤（凿子）等具体概念。

　　类概念的形成及使用，表明古代蒙古族先民的抽象思维的意识及能力已经很高，在这种意识及能力的指导下，既有概念的逻辑概括能力及表现，又有概念的逻辑限制能力及表现。我们能够了解古代蒙古族先民已经较好地掌握了概念内涵与外延之间相互制约的反变关系。而且概括和限制的语言方法与今日几乎一样。

　　1. 概括的语言方法

　　减去附加语（限制词）。例如，合坛只荅（钢枪）——只荅（枪），速木赤乞秃孩（削箭的刀）——乞秃孩（刀子）等。

　　改换词语（用另一个语词表达外延较广的概念）。例如，折儿折卜薛克（器械，兵器）——只荅（枪）等。

　　2. 限制的语言方法

　　增加附加语（限制词）。例如，努木（弓）——阿郎吉儿努木（用木做的弓），速木（箭）——斡那秃速木（有扣子的箭）等。

　　改换词语（用另一个语词表达外延较小的概念）。例如，努木速木（弓箭）——折儿折卜薛克（器械，兵器）等。

　　古代蒙古历史文献当中，虽然没有如何进行概括和限制概念的理论分析，但熟练使用这些涉及概念的简单逻辑方法，也表明了古代蒙古族先民已经掌握了从特殊——一般——特殊的认识事物共同本质和特质的认知方法，从而在表达思想过程中，能够做到概念准确、论证严密，体现出古代蒙古族思维方式中的逻辑因素。

第二节　意象性思维方式

人是社会的人，是某一时代的人，没有脱离社会、超越时代的人。民族也如此。古代社会不可能研制核武器，不可能发射人造卫星。同样的道理，一个民族，认识世界、看待问题时，不管是通过形象思维方式也好，抽象思维方式也罢，都离不开本民族的生活实际和所处时代方方面面的约束条件。按传统观点看，人的认识具有感性认识—理性认识的发展规律；思维形式方面，形象思维是基础，抽象思维是形象思维基础上的高级形式。高隆昌等人提出的"广义形象思维"理论，既克服了传统思维形式分类的片面性，也"符合认识论上的'具体'—'抽象'—'具体'公式"。也就是说："在此广义下，我们说一切事物都可以变化成形象的。比如借用数学的手法，一切事物都可以被符号化、形式化，从而原来看不穿、摸不透的对象可用一个或一组符号间的关系式来表示，那么该符号或符号式就是三维空间内可被直观考察的对象。"[①]

古代蒙古族先民，以直观的形象思维认识身边的人，认识所处环境甚至世界的一切。这是古代蒙古族思维认识的基础和起步。在直观的形象思维的基础上，逐渐发现事物之间的一致性，进行物与物之间的比较，从而产生了"观象取意"的意象思维。这是古代蒙古族思维发展的关键性的一步。类概念是意象性思维方式的前提。古代蒙古族在游牧文化基础上，形成了富有民族特色的概念系统，既有抽象的类概念，也有涉及游牧生活和部族社会的丰富的普遍概念。

意象性思维方式是中国传统主导推理类型"推类"的基础，

[①] 高隆昌、卢淑和、李宗昉：《思维科学概论》，西南交通大学出版社，2004，第85页。

"在中国文字的造字过程中、古代文学创作中、思维方法及伦理思想上、思维规则上均有所体现"。"意象思维方式,以两类事物在某一性质上具有相似性或相同性,从而可以互相类推,体现了思维过程中的同一性的规范作用。"①

意象性思维方式具有已知到未知的性质。古代蒙古族思维方式里,突出体现着意象性思维的特点。在此,用成吉思汗四个"曲鲁兀"(马)和四个"那合昔"(狗)的名称来诠释在概念范畴里体现的古代蒙古族思维方式的意象性思维特点。

《蒙古秘史》中,从成吉思汗彻底打败塔塔儿的答阑捏木儿格思之战开始,将孛斡儿出、木合黎、孛罗忽勒、赤剌温·巴阿秃儿称为四个"曲鲁兀",忽必来、者勒篾、者别、速别额台称为四个"那合昔"。"曲鲁兀"为"ᠬᠥᠯᠥᠭ"[hulug]的音译,意为"骏马",在《蒙古秘史》旁音为"杰"。"那海"为"ᠨᠣᠬᠠᠢ"[nohoi]的音译,意为"狗","那合昔"[nohoos]为"那海"的复数形式,在《蒙古秘史》旁音为"狗每"。

众所周知,马是游牧民族生产生活中最重要的工具之一。蒙古族被称为"马背上的民族"。蒙古族具有爱马的传统。《成吉思汗法典》"行为法"里有明确规定:"保护马匹。春天的时候,战争一停止就将战马放到好的草场上,不得骑乘,不得使马乱跑。打马的头部和眼部的,处死刑。"② 现在,打马的头部和眼部也是蒙古人一大忌,如果谁要是故意犯这样的错误,会受到长辈的严厉惩罚。成吉思汗统一散落的各部落,建立蒙古汗国的过程中,马的"功劳"功不可没。"兵贵神速",蒙古骑兵速度迅速,所向无敌。马很有人性,对主人忠实,主人从马背上摔下来,马是从不会踩到主人的。马也很有灵性,认识回家的路,如果主人受伤

---

① 张晓芒:《先秦诸子的论辩思想与方法》,人民出版社,2011,第250~273页。
② 内蒙古典章法学与社会学研究所编《〈成吉思汗法典〉及原论》,商务印书馆,2007,第10页。

或喝醉酒，只要能跨上马，马会把主人驮到家。

再看看狗的品性。由于文化的不同，汉族和蒙古族对狗的印象可以说截然相反。在汉语词汇里，带"狗"的多数为贬义词，尤其是带"狗"的骂人话特别多。例如，狗仗人势、狗眼看人低、狗改不了吃屎、狗嘴里吐不出象牙、人模狗样，等等。但蒙古人认为，狗是人类的伙伴，狗甚至与包括蒙古族在内的阿尔泰语系诸民族的图腾崇拜对象狼有某种关系。"达尔文的研究表明，狗是世界各地在不同的时期用几种狼驯化而成的。人类驯化狼成为家犬或猎犬经过了漫长的岁月，而且狗是如何从狼驯化成为家犬或猎犬的，这是个十分复杂的问题。……根据我国河北磁山文化，我国北方民族先民对狗的驯化时间为4000至3000年前。赵宝沟文化遗址里发现狗骨头，说明距今7000年前我国北方民族先民已经成功地驯狼为狗，夏家店上层文化人继承了其先民畜犬传统，进行养殖，用于狩猎生活，看家护屋，并且逐渐形成崇犬、殉犬习惯。"① 对游牧民族来说，狗的作用也很大：狗可以看家，帮助主人保护羊群，当狼袭击羊群时，狗不仅狂叫给主人报信，还与狼勇敢搏斗，甚至有时被狼咬死。狗也很有人性，从不咬主人，即使是陌生人，只要是主人迎过去或带进来的人，狗就不会咬。狗很讲究"脸面"，主人吃完肉，将骨头放在桌子上，在主人扔给它之前，只眼巴巴地盯着骨头，但绝不会自己叼走吃的。《蒙古秘史》有一句经典语句："ᠡᠮ ᠬᠤᠨ ᠨᠣᠬᠠᠢ ᠨᠢᠭᠤᠷᠲᠠᠢ"［em hun nohoi nigur-tei］（§188）。不少《蒙古秘史》译本对该句的翻译有理解上的偏差。本人认为，道润梯步先生的译文最为贴切："妇人有狗脸者乎！"② 这句话的语境是这样的：客列亦惕部王罕之子桑昆战败之后，与他的从者掌马阔阔出及其妻子三人在逃跑的路上，渴

---

① 那木吉拉：《狼图腾——阿尔泰兽祖神话探源》，民族出版社，2009，第29~30页。
② 道润梯步：《新译简注〈蒙古秘史〉》，内蒙古人民出版社，1979，第172页。

而狂野寻水喝。桑昆见水去喝，将马交给掌马阔阔出，阔阔出趁机骑桑昆的马就跑，其妻子劝止，阔阔出说他妻子："你是不是想桑昆为丈夫？"于是妻子说了"妇人有狗脸"的话。意为："我虽然是妇人，但对主人忠实，不会危难时刻抛弃主人，不会做出不要脸面的事情。"

以上对马和狗品性的认识，是蒙古人在长期的游牧生活实践当中积累和总结的结果，蒙古人对马和狗的信任感、亲近感是源远流长、极为深刻的。被称为四个"曲鲁兀"的孛斡儿出、木合黎、孛罗忽勒、赤剌温·巴阿秃儿和被称为四个"那合昔"的忽必来、者勒篾、者别、速别额台等八人，都是成吉思汗建国大业的功臣，对成吉思汗忠心耿耿，做出了出众的贡献，其中也有救过成吉思汗命的感人事迹。因此，成吉思汗将这些人的丰功伟绩和对他忠实的态度等与马和狗的以上品性联想，在诸多一致性的基础上，"假物取譬"，称他们"ᠬᠤᠯᠤᠭ"[hulug]和"ᠨᠣᠬᠠᠢ"[nohoi]。这里的"ᠬᠤᠯᠤᠭ"[hulug]和"ᠨᠣᠬᠠᠢ"[nohoi]不是真正的"马"和"狗"，而是用意象性思维方式形成的具有很强抽象性的概念。

《蒙古秘史》中的箴言、格言、谚语在思维方式上的共同特点就在于以具体现象之间在某一性质方面的一致性为依据，用隐喻的方式，表达更为深刻的、抽象的思想。按《汉语大词典》对"箴言""格言""谚语"的解释，分别为"规谏的话语"、"含有教育意义的成语"和"在群众中间流传的固定语句，用简单通俗的话反映出深刻的道理"①。因此，箴言、格言、谚语都是富含哲理性的话语，是人类生活经验的总结，智慧的结晶。有人认为格言和谚语是一回事，但在《中国大百科全书》（精粹版）中对格言和谚语的区别做了详细的解释："①谚语是人民群众在长期生

---

① 《汉语大词典》编写委员会：《汉语大词典》，商务印书馆国际有限公司，2003，第1864、340、1257页。

产、生活实践中集体创造的，无法找出作者；格言是名人或具有较高文化素养的人说的话，作者确定，可以查到出处。②谚语的内容，大多是具体生产、生活经验的总结；格言则侧重树立人们正确的世界观、人生观，陶冶高尚的道德情操。所有格言的内容都应该是积极向上的，如果是消极的，不能称为格言。"① 按此，如果不严格分类，《蒙古秘史》中的箴言、格言、谚语也没有本质上的区别，都属于在蒙古族生活实践中形成的有较强哲理性的言语。总体上看，箴言、格言、谚语在内容上，是人类生活、生产经验的总结，具有一定的教育、借鉴、指导、劝诫意义；在形式上，是比较言简意赅、独立的语句；从思维认知角度看，是人类对生活生产实践的高度抽象的认识，是人民群众智慧的结晶，以简单的事例表达深奥的道理，形式在言事，旨在言理。这一点上，箴言、格言、谚语可以成为人们说理的重要辅助工具。这在"所表达的事理，不显山、不露水地来说明、谕证与其具有同一性的某一事理"②方面，与汉族古代寓言故事或由此演变的成语很相似。

在此，对《蒙古秘史》中部分箴言、格言、谚语进行解析（以下例子中，音译部分均出自《〈蒙古秘史〉校勘本》，意译部分根据内容，选择认为最为准确、贴切的汉译文本，出自哪一译本均有注释，没做注释为大众普遍认可的翻译）。

  别耶 帖里兀秃 迭额勒 札哈秃 撒因。（意为"身子有头，衣裳有领才好"③。）（§33）

---

① 《中国大百科全书》总编委会、《中国大百科全书》编辑部：《中国大百科全书》（精粹版），中国大百科全书出版社，2002，第449页。
② 张晓芒：《先秦诸子的论辩思想与方法》，人民出版社，2011，第155页。
③ 札奇斯钦：《〈蒙古秘史〉新译并注释》，联经出版事业公司，1979，第27页。

这是孛端察儿发现札儿赤兀惕部内部"没大没小,不分尊卑、上下。一律平等,是容易制服的一群人"① 之后,跟哥哥不忽·合答吉说的话。他没有直接表述"这一部落人好制服,我们来制服这一部落人"的想法,而是通过"身子有头,衣裳有领为好"的简单事例,隐喻札儿赤兀惕部好制服的道理。所表达的事理形象、生动、容易理解。

你敦 兔里颜 合勒兔 你兀儿 兔里颜 格列兔。(意为"眼中有火,脸上有光"。)(§62)

此谚语在《蒙古秘史》中共出现4次。一是德·薛禅用在帖木真身上(§62);二是也速该巴阿秃儿用在孛儿帖身上(§66);三是锁儿罕·失剌用在从泰亦赤兀惕手中逃出去"躲进水溜道中仰卧着,戴枷顺水流动,只把脸部露出"的帖木真身上(§82);四是在五岁的曲出身上用了前半句(§114)。这是对目光炯炯、聪明伶俐人的形象描述。古代北方游牧部落普遍崇拜"火"和"光"。在这样的文化背景下,将这样的言辞用在某一人的身上,它的分量和用意自然不是一般。正因如此,德·薛禅主动提出将自己的女儿孛儿帖许配给帖木真;也速该巴阿秃儿也欣然接受了德·薛禅的提议,将孛儿帖视为未来的儿媳妇;锁儿罕·失剌冒着全家被毁灭的危险救了帖木真;诃额仑母亲收养了曲出(后来曲出为成吉思汗建立蒙古汗国事业做出了不可磨灭的贡献)。因此,这一谚语以表喻里,通过对一个人外表的描述间接地、形象地表达其聪明伶俐、非同一般的潜质。

扯额勒 兀孙 你都剌鲁阿。超坚 赤老温 潮兀列鲁阿。(意

---

① 余大钧译注《蒙古秘史》,河北人民出版社,2001,第25页。

为:"深水已涸矣,明石已碎矣。"①)(§72)

该谚语是在如下语境中使用的:也速该巴阿秃儿被塔塔儿人毒死后,泰亦赤兀惕、脱多延·吉儿帖等人将帖木真、诃额仑等孤儿寡母撇下迁走时,晃豁坛察剌合老人劝说脱多延·吉儿帖不要不管帖木真孤儿寡母一家人。这时脱多延·吉儿帖说了上面的一句话。这是以"深水涸了""明石碎了"和也速该巴阿秃儿被害事件的"事已发生,不复存在"的同一性为依据,比喻也速该巴阿秃儿辉煌已过去。这是一个很形象、很典型的"隐喻类推"。

薛兀迭列彻 不速 那可儿 兀该。薛温勒额彻 不速 赤出阿兀该。(意为:"除影子以外没有别的伙伴,除尾巴以外没有别的鞭子。"②)(§76)

这是对帖木真一家父亲被害、被泰亦赤兀惕部抛弃后,没有依靠、没有伙伴,孤零零、无助状况的形象比喻。该句现在已经成为家喻户晓的蒙古谚语。我们都知道,除了自己的影子没有伙伴,在茫茫大草原上是何等孤单和无助!而对于游牧生活的牧民来说,鞭子是一个重要的生活用具,人本来没有尾巴,说"除了尾巴没有鞭子"是对生活极度困难的形象描述。因此,这是一个极具游牧民族韵味的生动、恰当的形象论证。

你睹纳 速里木孙 阿马纳 合合孙。(§77)

---

① 道润梯步:《新译简注〈蒙古秘史〉》,内蒙古人民出版社,1979,第34页。
② 札奇斯钦:《〈蒙古秘史〉新译并注释》,联经出版事业公司,1979,第80页。

学者们对此句的翻译大同小异：道润梯步译为"眼中之睫，口中之梗"①；札奇斯钦译为"眼里的毛，口中的刺"②；余大钧译为"眼中的毛，口中的梗"③；阿尔达扎布译为"眼中毛，口中鲠"④。蒙古语里的"速里木孙"（〇〇〇〇〇〇〇）为眼睫毛。"合合孙"（〇〇〇〇〇）为堵在喉咙里的没嚼好的食物。我们知道，眼睫毛进眼睛里或倒插眼睛会很难受，吃饭时没嚼好，噎着了也是最难受的事情。依据以上两种现象的同一性，此语表达了排斥人的思想。与汉族俗话里的"眼中钉"很接近。

失保兀合泥 土林台 不塔图儿 豁儿豁巴速 不塔 阿不剌主为。（§85）

"土林台"旁译为"龙多儿"，"是一种雀鹰，汉语叫'鹞'，身小而敏于捕捉，故雀遇则难以逃脱。然入丛则仍可逃避"⑤。"失保兀合"（〇〇〇〇〇）为雀。这句话的意思为"鹰捕捉雀时，雀入丛，而丛救了雀"。这句话是在帖木真从泰亦赤兀惕手中逃到锁儿罕·失剌家，锁儿罕·失剌害怕被人发现，不想将帖木真留在家时，其两个儿子说的话。他们用"老鹰"比喻追捕帖木真的泰亦赤兀惕人，用"雀"比喻年少的帖木真，用"丛林"比喻了自己的家。很生动、贴切、含蓄，也很形象地表达了应该救帖木真的立场。

兀都儿 兀者古因 你敦。雪泥 莎那思忽因 赤勤。（意为

---

① 道润梯步：《新译简注〈蒙古秘史〉》，内蒙古人民出版社，1979，第39页。
② 札奇斯钦：《〈蒙古秘史〉新译并注释》，联经出版事业公司，1979，第81页。
③ 余大钧译注《蒙古秘史》，河北人民出版社，2001，第77页。
④ 阿尔达扎布：《新译集注〈蒙古秘史〉》，内蒙古大学出版社，2005，第133页。
⑤ 道润梯步：《新译简注〈蒙古秘史〉》，内蒙古人民出版社，1979，第48页。

"白日视之之目，昏夜听之之耳欤"①。)（§138）

这是成吉思汗母亲诃额仑兀真收养从蔑儿乞惕营地里发现的古出、从泰亦赤兀惕所属别速惕营地里发现的阔阔出、塔塔儿营地里发现的失乞忽秃忽、主儿勤营地发现的孛罗兀勒等四个小孩，不分昼夜带在自己身边做伴的一种形象描述。

斡郎秃儿 忽赤阿速 忽客列 兀禄 亦咥克咥古。额兀坤 秃儿 忽赤阿速 那合牙 兀禄 亦咥克咥古。（意为："裹上草，牛也不吃，裹上油脂，狗也不吃。"②）（§255）

在关于可汗继承人问题的讨论时，斡歌歹被成吉思汗确定为汗位继承人之后提出，假如我的后代是一个"裹上草，牛也不吃，裹上油脂，狗也不吃"的人怎么办？这句话以"草与牛""脂与狗"的对象性关系被否定，成为极端的非对象性关系，来比喻一个人没本事、没能力，已经到了"无可救药"的地步。关于此谚语，满都夫先生曾评述："以狗和牛都不吃它原本爱吃的东西——这种情形，类比被裹之非善的程度，形象地表述了其非善的、不可救药的深度。从而形象地表述了汗权即位者，可能会出现非至善者的本质之状。"③ 如果说汉族的"扶不起的刘阿斗"意喻"实在无能"，那么此谚语所含的意蕴则更加丰富、强烈。现在蒙古族仍然还在普遍使用该谚语，但文字上将"吃"改为"闻"，更加重了语气：

---

① 道润梯步：《新译简注〈蒙古秘史〉》，内蒙古人民出版社，1979，第106页。
② 余大钧译注《蒙古秘史》，河北人民出版社，2001，第436页。
③ 满都夫：《〈蒙古秘史〉的思维形式》，《内蒙古社会科学》1993年第3期。

ᠭᠠᠳᠠᠭᠠᠳᠤ ᠶᠠᠰᠤ。

客额仑 委亦列 客额列古 那牙刺忽 不列额。格仑委亦列 格儿图儿 古 那牙刺忽 不列额。（§277）

此谚语道润梯步先生译为"阃外之事，断之于阃外；家中之事，断之于家中"①。札奇斯钦更直接地译为"野外的事在野外断；家里的事在家里断"②。这是在成吉思汗箴言中较为精彩的、哲理性最强的一句。

意象性思维的重点是在"言事"基础上的"言道"，用具体形象的事例表达与其具有某一性质上一致性的抽象的事理。综观《蒙古秘史》中的箴言、格言、谚语，充分体现了古代蒙古族的理性思维，通过在生活实践中的生动形象的事例，表达深刻的道理，而且这些箴言、格言、谚语本身流传到现在，或从此演变出表达类似事理的具有哲理性的话语，影响着蒙古族的思维实践。例如，我们在前面提到的"裹上草，牛也不吃，裹上油脂，狗也不吃"几乎原样一直流传到现在，被广泛使用。而"眼中之睫，口中之梗"却被简化，只保留前半句，以"ᠨᠢᠳᠤᠨ ᠤ ᠳᠠᠢᠰᠤᠨ"［nidun nu daisun］（直译为"眼中的敌人"）、"ᠨᠢᠳᠤᠨ ᠤ ᠯᠤᠭ"［nidun nu log］（直译为"进眼睛里的沙子"）的形式被广泛使用在蒙古族民间，其所表达的含义与《蒙古秘史》中所表达的含义相同。

意象性思维方式，是"心物交融、虚实相生、由此及彼的思维方式"③。《蒙古秘史》中的诗句，采用比喻手法，借喻体之间的某一方面的一致性、同一性，以具体形象的事例比喻深刻抽象的事理，表现了古代蒙古族意象性思维方式。例如："未出孕妇尿处者，未至轮犊草场者，巾帼塔阳心却也，送此等言语来乎？"（§194）

---

① 道润梯步：《新译简注〈蒙古秘史〉》，内蒙古人民出版社，1979，第389页。
② 札奇斯钦：《〈蒙古秘史〉新译并注释》，联经出版事业公司，1979，第439页。
③ 张晓芒：《先秦诸子的论辩思想与方法》，人民出版社，2011，第263页。

中古出鲁克汗依据"未出孕妇尿处"和"未至轮犊草场"与塔阳汗窝在狭小的范围、没见过大世面的同一性,表达了塔阳汗的无能。蒙古语有个谚语叫"ᠣᠢ ᠳᠣᠲᠣᠷᠠ ᠬᠣᠷᠢᠭᠳᠠᠭᠰᠠᠨ ᠰᠡᠴᠡᠨ ᠡᠴᠡ ᠶᠢᠷᠲᠢᠨᠴᠦ ᠲᠣᠭᠣᠷᠢᠭᠰᠠᠨ ᠮᠤᠨᠠᠭ ᠳᠡᠭᠡᠷᠡ",大概意思为"窝在家里的聪明人,不如逛世界的愚蠢者"。怀孕妇女,行动不方便,在草原上方便时不会走太远;牧民一般就将牛犊放在离家不远的草场上;以上两个事例与窝在家里的塔阳汗具有相同性质,从一个简单事例将意义转移到表达塔阳汗见识短、没有雄心魄力。

人的思维始终是在传统的影响和实践的磨炼中逐渐发展的。如果传统的思维定式决定人类思维方式的相对稳定性、传承性的话,那么,从生活实践中积累的知识推动着传统思维方式的发展和改变。这也可以从逻辑学的演绎推理与归纳推理的联系中得到说明。亦即:"归纳推理的结论为演绎推理提供了前提。演绎推理的一般性知识的大前提,需要借助于归纳推理从具体的经验中概括出来。而演绎推理为归纳推理提供了指导。归纳活动的目的、任务和方向是归纳过程本身所不能解决和提供的,这只有借助于理论思维,依靠人们先前所积累的一般性理论知识的指导。而这本身就是一种演绎活动。"[1]

勤劳朴实的蒙古族先民,将生活中的事物和现象进行归类划分,以身边活生生的事例,表达更深刻的思想,就是古代蒙古族先民思维发展的例证。游牧生活,常年以牛羊肉和奶制品为饮食的蒙古族,为何在子女订婚的重要仪式上,吃"ᠪᠤᠭᠤᠯᠵᠠᠭᠤᠷ"[buguljagor](动物颈部)呢?难道没有更好部位的肉可吃吗?这并不符合实际。那到底原因何在呢?这就是一种民族思维方式的奥妙所在。蒙古人对牛羊等动物的骨骼结构了如指掌,剔肉、吃肉从来不折断骨头。只拿一把小小的刀,就能把整头牛、整只

---

[1] 莫日根巴图:《〈蒙古秘史〉逻辑思想研究》,辽宁民族出版社,2014,第231页。

羊顺着它的骨骼轻松剔开。没有这方面知识和经验的人,不仅剔不好肉,也吃不好肉。古代蒙古族先民早已掌握了动物颈部结构复杂、连接牢固等特征。所以,在子女订婚仪式或新婚典礼上,让新郎或新婚夫妇吃羊颈骨肉,分析其中的奥秘不外乎以下两点。

第一,考验新郎。这也是英雄崇拜思维的残留。如果不会掰开颈骨,说明新郎没有力气,也没有生活经验。

第二,用结构复杂、连接紧密的颈骨肉,比喻新婚夫妇的婚姻生活,表达预祝这段婚姻像"ᠪᠤᠭᠤᠯᠵᠠᠭᠤᠷ"〔buguljagor〕一样牢固,双方相亲相爱、永不分离的抽象意象。

第三节 比兴手法的使用

赋、比、兴是《诗经》的三大艺术手法。"'赋'是直接陈述的艺术手法,'比'、'兴'则是委婉曲折的表现手法。……'比者,以彼物比此物也';'兴者,先言他物以引起所咏之辞也'。在比、兴两种手法中,本质区别并不明显,兴中许多发端起兴之辞多含有比喻义,故后人常将比、兴合称。"[①] "意向性思维方式突出地表现在比兴手法的使用上",换句话说,比兴手法的使用也充分体现意象性思维方式。

我们仅以《蒙古秘史》中记载的诗歌来分析古代蒙古族先民如何使用比兴手法。诗是一种文学体裁,是文学学科的研究对象。但从逻辑学角度,将诗的具体内容、艺术手法等文学特点抛开之后,作为人们表达思想、抒发情感的方式之一,诗也能够体现某一民族某一时代的思维特点和思维方式。

苏联学者符拉基米尔佐夫曾评述:"《秘史》是浸润'史诗'

---

① 张晓芒:《先秦诸子的论辩思想与方法》,人民出版社,2011,第261页。

情绪，善于运用叙事诗文体，并常常进行叙事诗写作的蒙古草原贵族阶级的作品。任何一个代表人物，处在 13 世纪那样的气氛之下，如果要从事于'当时'历史的著述，势必要受这种叙事诗体裁的影响。"①《蒙古秘史》中虽然没有严格意义上的独立完整的诗，但在叙事的过程中，经常使用押韵、对偶并语言优美的经典诗句。有人撰文指出，《蒙古秘史》中"韵文约有五百行，占全书的三分之一，其中有颂歌、赞歌、战歌、祭歌和悲歌。此外有不少抒情诗和叙事诗。而《蒙古秘史》的叙事诗也往往带着强烈的感情色彩，使用充满爱憎感情的语言，叙事中有抒情。作者常常使用暗示、影射、借喻和虚实显隐等艺术手段，把诗写得含而不露，耐人寻味"②。

据不完全统计③，《蒙古秘史》第 56、64、71、74、75、78、96、103、104、105、106、109、111、113、123、137、147、164、170、177、179、183、194、195、197、199、200、201、203、208、209、210、214、230、238、245、254、255、276 节中均有长短不一的诗词。以下我们将分析几段具有代表性的典型诗句，以便为论述《蒙古秘史》中诗歌所反映的古代蒙古族思维特征及其逻辑因素提供基础资料。由于篇幅之限，只引用汉译版的部分诗句。需要说明的是，由于不同民族语言的不同特点，在蒙古语中很经典的诗句，翻译成汉文后，其诗的味道会大大降低。以道润梯步新译简注的《蒙古秘史》为蓝本，介绍部分诗句。

此（诚）如咬其胞衣之合撒儿狗，

---

① 〔苏〕Б. Я. 符拉基米尔佐夫：《蒙古社会制度史》，刘荣焌译，中国社会科学出版社，1980，第 16 页。
② 色道尔吉：《略谈〈蒙古秘史〉的文学特征》，《民族文学研究》1990 年第 4 期。
③ 由于蒙古文原版《蒙古秘史》失传，现有不同版本对有些语言片段的汉译法不一，某些语句是否为诗尚有异议。

如驰冲山峰之猛豹焉。
如难抑其怒之狮子焉。
如欲生吞之莽魔焉。
如自冲其影之海青焉。
如窃吞之狗鱼猝焉。
如噬其羔踵之风雄驼焉。
如乘风雪而袭之狼焉。
如难控其仔而食之狼鹘焉。
如护其卧巢之豺焉。
如捕物不贰之虎焉。
如狂奔驰冲之灵獒焉。（§78）

该诗句是帖木真、合撒儿年幼时，由于生活琐碎事情，与同父异母的兄弟别克帖儿、别勒古台产生矛盾，将别克帖儿用箭射死后，母亲诃额仑兀真训斥帖木真、合撒儿的话。诗句采用比兴手法，以猛兽烈禽的凶残行为做比喻，说明帖木真、合撒儿杀死兄弟行为的恶劣性质。形象、易懂，具有很强的说服力。

祭我认望之纛矣，
擂我黑牡牛皮幔，
响声鏊鏊之鼓矣！
乘我乌骓快马矣！
着我弹韧之衣矣！
掬我点钢之铩矣！
搭我划桃皮之箭矣！
欲与合阿惕蔑儿乞惕，
进而决战也矣！
祭我遥望之纛矣，

擂我牡牛皮幔；
浊声（嗡嗡）之鼓矣！
乘我黑脊快马矣！
贯我皮穿之甲矣！
持我环刀之柄矣！
搭我具扣之箭矣！
欲与兀都亦惕蔑儿乞惕
决一死战也矣！（§106）

该诗句是客列亦惕部与札答阑部联合帮助帖木真攻打蔑儿乞惕部时，札答阑部首领札木合对帖木真说的话。札木合用生动形象的语句比喻自己作战准备情况，充溢着气势磅礴、听之惧怕的震慑威力。

命合食残皮之乌鸦兮，
却望食彼雁鹤焉，
貌丑恶之赤列格儿我，
犯后妃而招全蔑儿乞惕之灾矣。
贱劣下民赤列格儿我，
已将致此黑首矣。
逃我独自之性命兮，
钻入黑暗之峡谷中，
其谁为我遮护也？
……（§111）

该诗句是蔑儿乞惕部首领赤列格儿战败后感想的表白。乌鸦不属于猛禽，它不能捕抓鸟或小动物为食，只能捉虫或吃其他动物吃剩的碎肉等。此次蔑儿乞惕部遭蒙古、客列亦惕、札答阑部联盟的强力打击，是因为之前他们袭击帖木真的蒙古部落，抢走了帖木真妻子孛儿帖。因此，赤列格儿用乌鸦想吃雁鹤肉比喻自己想霸占孛儿帖兀真的妄想，后悔为整个蔑儿乞惕部带来灭顶之灾。是古代诗歌艺术手法比兴的典型例子。

> 为守汝金阈而与焉，
> 若其离汝金阈而去，
> 则宜断其命而弃之，
> 为挛汝阅门而与焉，
> 若其逃汝阅门之外，
> 则宜蹴其膈而弃之。（§137）

该诗句是札剌亦儿部赤剌温孩亦赤将统格、合失二子作为成吉思汗的部下拜见成吉思汗时说的话。赤剌温孩亦赤用特别简单易懂的事情（叫他看门交给你，如果离开你就把他杀了）比喻为成吉思汗忠诚服务，失去生命在所不惜的深刻内涵。

> 则愿与合罕前，
> 横断彼深水，
> 碎彼明石而冲之。
> 至所指之地，
> 碎彼青石（而冲之），
> 至欲犯之处，
> 碎彼黑石而冲之。（§147）

这是泰亦赤兀惕部者别归从成吉思汗时的表态。此段内容，余大钧译文虽然诗歌韵味略显不足，但更为准确、形象，通俗易懂地表达了蒙古语的原义："我愿在大汗面前，去横断深水，冲碎明石，到指派的地方去冲碎青石，到奉命进攻的地方去冲碎黑石。"① 亦即者别表达了为成吉思汗奉献"汗马功劳"的决心。

若为有齿之蛇唆之，
则勿中其唆也！
以齿，以口相语而后信之。
若为有齧之蛇忮之，
则勿惑其忮也，
以口、以舌相证而后信之。（§164）

该诗句是成吉思汗和客列亦惕部首领王罕之间互定的誓约。用"有牙的蛇挑唆"比喻别人的挑拨离间，表达了互相信任，诚信交往的深邃道理。

夫两辕之车，
折其一辕，
则牛不能曳焉，
我非汝如是之一辕乎？
两轮之车，
折其一轮，
则车不能行焉。
我非汝如是之一轮乎？（§177）

该诗句是成吉思汗对克列亦惕部王罕说的话。当时王罕未能劝阻儿子桑昆，在札木合的挑唆下，攻打成吉思汗蒙古部落，双方都损失严重。于是成吉思汗按照与王罕之间的誓约，质问王罕。

---

① 余大钧译注《蒙古秘史》，河北人民出版社，2001，第195页。

成吉思汗用两轮之车比喻自己与王罕之间的联盟或友谊,将自己和王罕比作车的两个轮。此句与汉语成语"假途灭虢"①包含的推类例子惊人的相似。满都夫先生曾评价这段话说:"这是成吉思汗被王罕与扎木合联军重创后,对王罕撕毁联盟、忘恩负义、铤而走险的政治冒险,进行说理的政治斗争中的一段话。成吉思汗,形象地表述了王罕愚蠢地自毁联盟踏上自我毁灭之途的深刻道理。"②

> 未出孕妇尿处者,
> 未至轮犊草场者,
> 巾帼塔阳心却也,
> 送此等言语来乎?(§194)

这是乃蛮部塔阳汗之子古出鲁克汗对自己父亲的形象描述。古出鲁克汗提出要攻打帖木真蒙古部,但其父王不同意,于是用"连孕妇撒尿处那么远也没有走过,连放牛犊的草场那么远也没有去过"③来比喻自己父亲塔阳汗,嫌弃其像妇人一般、没有本事的想法。

在成吉思汗与乃蛮部之间的纳忽·崑之战中,扎木合向乃蛮部的塔阳汗介绍成吉思汗几位将领的诗句,比喻恰当,惟妙惟肖,极为形象生动,表达成吉思汗兵将勇猛、实力强大,很有说服力。仅列一段描述成吉思汗"四个狗"的诗句如下:

> 其额生铜也,

---

① 董志铁:《"扶义而动,推理而行"——引譬、援类再探讨》,周山:《中国传统思维方法研究》,学林出版社,2010,第46页。
② 满都夫:《〈蒙古秘史〉的思维形式》,《内蒙古社会科学》1993年第3期。
③ 余大钧译注《蒙古秘史》,河北人民出版社,2001,第299页。

其喙凿子也。
其舌锥子也,
其心则铁也,
其鞭钚刀也。
食露乘风而行之者也。
于争战之日,乃以人肉为食焉。
于相接之日,乃以人肉为糇焉。
今各脱其索链,喜得其不拘系,
乃如是奋勇而来也。(§195)

满都夫先生认为,这些诗句都来自古代蒙古族英雄史诗。指出:"这些诗句,就其思维形式而言,它们是以凶禽猛兽的行为动作类比人的个性性格的'兽型技术类比'思维表达方式,是人的自然化和自然的人化的统一;就其源流而言,这些诗句在很多英雄史诗中都可以见到,乃至某些诗句本身就来自史诗,几乎原封不动,毫无二致。"[1]

从《蒙古秘史》第九卷开始,成吉思汗封赏诸功臣时,描述将领们的诗句都使用很多贴切、生动的比喻,例如对忽难的描述(§210)、对汪古儿的描述(§213)、对孛罗忽勒的描述(§214)、对"客卜帖兀勒"(宿卫)的描述(§230)、孛儿帖的一番话(§245)等,从形象、简单的已知推出抽象、复杂的未知。

最后看看可谓是《蒙古秘史》中最为经典的诗句:

星天旋回焉,
列国相攻焉,

---

[1] 满都夫:《〈蒙古秘史〉的思维形式》,《内蒙古社会科学》1993年第3期。

不入寝处而相劫焉。
大地翻转焉，
普国相攻焉，
不卧其衾而相斗焉。
……（§254）

此句是在继承汗位问题上，成吉思汗二儿子察阿歹排斥大儿子拙赤，恶语伤人，产生矛盾的时候，成吉思汗功臣之一阔阔出所说的话。他用天地翻旋比喻当时蒙古社会的混乱局面，用不能入寝安睡来比喻战乱中百姓的水深火热的生活，接着又描述了在那样艰苦、混乱的战争时代，诃额仑兀真如何把孩子们养大成人、如何克服万般艰险保护家庭、经过部落之间残酷斗争坚持到最后、实现统一的建国事业的经历，比喻生动、寓意深刻，教育察阿歹等人，表达了要尊重父母、兄弟之间加强团结、共同守护父辈事业的深刻道理。

以上对《蒙古秘史》中典型诗的分析，我们能够看到具有"草原游牧生活"味道的比兴手法。因为，"比"的"此物"都属古代蒙古族游牧生活中的形象事例，"彼物"为涉及古代蒙古社会、涉及成吉思汗统一蒙古部落事业的抽象事理。当我们细品"星天旋回焉，列国相攻焉，不入寝处而相劫焉。大地翻转焉，普国相攻焉，不卧其衾而相斗焉"（§254）诗句的时候，在我们的眼前不仅映现电影里出现的战乱场景，更能够体会到在寒冷、干旱艰苦生活环境下，蒙古族先民饱受战乱折磨的感受和渴望安定生活的急切愿望。从此句，也能够看到古代蒙古族先民独特的比兴手法和意象性思维方式的具体体现。再比如，蔑儿乞惕部赤列格儿我对自己抢占帖木真妻子孛儿帖，从而给整个蔑儿乞惕部带来灭顶之灾的行为悔恨万分，以"合食残皮之乌鸦兮，却望食彼雁鹤焉"比喻自己的冒犯行为，以"貌丑恶之赤列格儿我，犯后妃而招全蔑儿乞惕之灾矣。贱劣下民赤列格儿我，已将致此黑首矣。逃我独自之性命兮，钻入黑暗之峡谷中，其谁为我遮护也"（§111）等词语，"先言他物以引起所咏之辞"，形容自己落魄的形象和极度悲伤的情感。

第四节 比喻推理

比喻推理亦作譬喻推理。刘培育先生对古代譬喻推理的特征做如下概括："（1）有前提与结论，从已知到未知。（2）前提是关于具有鲜明形象的具体事物（多为自然现象）；结论一般是抽象的事理（多为关于社会政治理论的原则）。（3）譬喻推理的主要作用不是'为自'，而是'为他'，即为了'告（诉）人'，'使人知'，因此它主要用于论说之中。（4）由（3）可以推知，使用譬喻推理的人，一定先了解作比者与被比者往往不同类，仅在相比之点上一致，因此即便前提真，结论仍有一定的或然性，比如用自然现象比拟社会现象之类。"[①] 通过上一节对《蒙古秘史》中诗句的分析，我们发现其中多数诗句都使用了比喻推理。例如："夫两辕之车，折其一辕，则牛不能曳焉，我非汝如是之一辕乎？两轮之车，折其一轮，则车不能行焉。我非汝如是之一轮乎？"（§177）成吉思汗将自己和王罕之间的联盟比喻成两轮之车，用折一轮比喻王罕撕破联盟誓约，攻打成吉思汗，以一轮之车不能行走形象地比喻两个部落之间的决裂，由此及彼，"推理而行"。按照董志铁先生关于推类分为引譬推类与援类推类的观点[②]，该诗句是最典型的引譬推类的例子。再比如："若为有齿之蛇唆之，则

[①] 刘培育：《譬喻古论——对譬喻推理的探讨》，载周山《中国传统思维方法研究》，学林出版社，2010，第42页。
[②] 董志铁：《"扶义而动，推理而行"——引譬、援类再探讨》，载周山《中国传统思维方法研究》，学林出版社，2010，第50页。

勿中其唆也！以齿、以口相语而后信之。若为有龉之蛇技之，则勿惑其技也，以口、以舌相证而后信之"（§164）的诗句，成吉思汗和克列亦惕部王罕用被"有齿之蛇唆""有龉之蛇技"比喻被别人挑拨离间，共商誓言，如果遇到这种情况，"以口相语""以舌相证"后才相信。

"在先秦诸子的创造下，许许多多的推类说理已将其以小喻大、以浅喻深的真知灼见凝固为一个个成语，积淀在中华文化的血脉里，并且潜移默化，影响着中国人的思维方式。"① 与中国古代成语"按照'类事理'的同一性规范"从"小事理中去理解其所蕴含的思想深邃的大道理"② 相似，古代蒙古族箴言、格言、谚语也"以小喻大、以浅喻深"，以形象的事例推出抽象的事理，体现了古代蒙古族思维方式中较强的逻辑性。

而在推理形式上，与诗歌中使用的推理形式有所区别，《蒙古秘史》中的箴言、格言、谚语普遍使用省略结论式的隐喻推理。我们仍然以上面提到的"深水已涸，明石已碎"的例子来说明此问题。结合其当时的语境分析，该谚语可以展开为如下推理形式：

深水已涸，不复存在。
明石已碎，不复存在。
也速该巴阿秃儿死了，不复存在。（省略）

我们都知道，三段论有省略结论式。如："崭新的经济形式需要我们认真研究，知识经济是一种崭新的经济形势。"③ 其中省略

---

① 张晓芒：《中国古代从"类"范畴到"类"法式的发展演进过程》，《逻辑学研究》2010年第1期。
② 张晓芒：《中国古代从"类"范畴到"类"法式的发展演进过程》，《逻辑学研究》2010年第1期。
③ 南开大学哲学系逻辑学教研室：《逻辑学基础教程》，南开大学出版社，2004，第90~91页。

了结论"知识经济需要我们认真研究"。

与其比较,《蒙古秘史》中的隐喻推理虽然不像三段论这样一目了然,直接能够推出结论,但就当时的语言环境或论证参与者来说,一样能够达到表达思想、实现说理的目的。《蒙古秘史》中箴言、格言、谚语几乎都有这方面的特征,充分体现了古代蒙古族在思维表达过程中比较普遍使用隐喻推理的特点。为了进一步印证这一特点,我们再分析几个《蒙古秘史》中具有典型意义的格言和谚语。

(1)"身子有头,衣裳有领才好",其否定形式为:"身子没有头,衣裳没领不好"。将这一谚语结合当时的特殊语境,就能够发现,其实省略了结论:孛端察儿发现的部落"没大没小,不分尊卑、上下",是容易制服的一群人。

(2)"除影子以外没有别的伙伴,除尾巴以外没有别的鞭子"中,我们进一步分析会发现:"除影子以外没有别的伙伴"等于没有伙伴,很孤独无助;"除尾巴以外没有别的鞭子"等于没有鞭子,生活很穷。省略了结论:帖木真家族已经被氏族抛弃,没有了依靠,牲畜被抢走,生活很窘迫。

(3)"鹰捕捉雀时,雀入丛,而丛救了雀":这里用"鹰捕捉雀"比喻泰亦赤兀惕部追捕年少帖木真的行为,用"草丛"比喻帖木真躲进去的锁儿罕·失剌家。锁儿罕·失剌两个儿子用"丛救了雀"的隐喻表达想救助帖木真的想法。

总之,《蒙古秘史》中的箴言、格言、谚语,内容丰富、语言精练,富含哲理性,既有草原游牧民族的民族特色,同时表达了古代蒙古族先民对人生哲理等深刻道理的理性认识水准。在表达思想的过程中普遍使用了意象性思维方式和隐喻推理,体现了古代蒙古族思维方式在"用逻辑"方面的特点。而且很多箴言、格言、谚语一直流传下来,在蒙古族民间广泛使用,保持了民族思维方式的相对稳定性和较强的传承性。

《蒙古秘史》神话中，我们能够看到中国古代主导推理类型——推类的熟练应用。古代蒙古人能够熟练使用形象的比喻推理进行论证，从已知的形象、鲜明的具体事物中推出一般的、抽象的未知结论。这种具象—抽象的思维历程，使得《蒙古秘史》中的神话传说，既生动鲜明，又论点明确，论据有力，在论证过程中的思维方式也很得当，符合逻辑规律。阿阑·豁阿训子传说可以视为一个完整的论证。在论证过程中使用的推理形式，与中国古代传统推理形式——推类惊人的相似。即阿阑·豁阿敏锐发现箭和人之间在"分则损、聚则强"的类事理的同一性，熟练使用意象性思维方式，实现意义转移，从通俗易懂的已知前提"一支箭容易被折断，五支箭不易折断"引申出与此相一致的另一个前提"一个人容易被人打败，五个人不易被人打败"，从此推出未知"齐心协力就不易被敌人打败，团结就是力量"的抽象结论。从结构上，完全符合中国传统推理形式——推类的"由'言事'与'言道'组成，言事是为言道服务的"①特征。

此外，阿阑·豁阿对自己无丈夫生子的解释过程，思路清晰，逻辑性严密，只是论据的内容上具有宗教信仰和图腾崇拜的原始思维痕迹而已。在阿阑·豁阿折箭训子传说中，让儿子们分别折断"一支箭"和"五支箭"是对一和多的辩证关系认识的反映。额尔敦陶克套研究员对阿阑·豁阿折箭训子的深远意义予以高度评价称："这里包含天命论、先验论、汗权天赐思想、量变和质变思想、和睦—团结思想，阿阑·豁阿可以称得上蒙古族文字记载史以来的第一个思想家和伟大的圣母。"②再比如，帖木真被困大山，从密林中出来时，每次遇到不正常现象，他的判断都是正确的，而且用这些判断能够指导自己的行为。

---

① 董志铁：《"扶义而动，推理而行"——引譬、援类再探讨》，载周山《中国传统思维方法研究》，学林出版社，2010，第43页。
② 额尔敦陶克套：《蒙古族传统理论思维》，内蒙古人民出版社，2004，第83页。

第五节　辩证思维

辩证思维发达是整个东方民族思维发展的共性，蒙古族也不例外。恩格斯说过一句话："人们远在知道什么是辩证法之前，就已经辩证地思考了，正象人们远在散文这一名词出现以前，就已经在用散文讲话一样。"① 特别符合蒙古族思维发展实际。额尔敦陶克套先生认为，蒙古族的辩证思维经过"远古时代朴素辩证法、中世纪佛教哲学辩证法和近现代马克思主义辩证法"三个发展过程。②

格·孟和教授是蒙古哲学的奠基人。他在《蒙古哲学概论》中认为："宏观上考察蒙古历史文献后，发现必力克苏日嘎拉，如同天上的星星似的，在字里行间，处处闪烁着哲理的光芒，凝聚着智慧的结晶。以往都是作为文学的一种体裁加以研究。仔细分析，发现必力克苏日嘎拉的形式是文学，而内容是哲理性的。从哲学史的考察中发现，哲学以文学形式表现是司空见惯、不足为奇的。由此，对必力克苏日嘎拉从内容和形式相结合的角度进行分析，认定必力克苏日嘎拉是独具特色的蒙古哲学的表现形式。……必力克苏日嘎拉的真正价值不在于体裁形式，而在于内容，在于它的哲学价值。文学以形象感化人，而哲学以道理说服人。"③ 同时对必力克苏日嘎拉的内容概括为四个方面："一是关于自然界的观点，如天地起因及形成、世界的构成、自然界的变化发展等；二是关于认识论的观点，如社会活动和社会实践的观点、认识的来源和过程、认识的结果、思维方式和方法等；三是必力克苏日嘎拉生动地反映了那个时代蒙古人的价值取向、伦理

---

① 恩格斯：《马克思恩格斯选集》第3卷，人民出版社，1972，第182页。
② 额尔敦陶克套：《蒙古族传统理论思维》，内蒙古人民出版社，2004，第195页。
③ 格·孟和：《蒙古哲学概论》，辽宁民族出版社，2018，第70~72页。

道德和为人处世的准则。如幸福观、价值观、伦理道德、团结和谐、艰苦奋斗、人才培养和使用、生死观等;四是关于社会方面的观点,如血统,社会群体,社会制度变迁,创业建国,军事、政治、经济、文化、治理国家以及民生等。"① 这里的"必力克苏日嘎拉"是蒙古语,有时候也简称为"必力克",汉译为"箴言"。在古代蒙古语里"必力克"（ᠪᠢᠯᠢᠭ）指人的一种称号,在《蒙古秘史》中记为"必勒格"。《蒙古秘史》中带有该称号的人有桑昆·必勒格、亦难察·必勒格等。

　　古代流传至今的蒙古箴言非常丰富,其中成吉思汗的言谈、训词流传下来的箴言占据较大比例。苏联学者符拉基米尔佐夫在《蒙古社会制度史》一书中指出:"在成吉思汗时代,成吉思汗的'箴言'——'必里克'（Bilig）也被记载下来了。这些'箴言'也片段地流传下来,散见于各著述家的各种著作包括蒙古文的著作中。成吉思汗的'必里克'对我们的研究题目可以提供若干资料,因而也应该列入研究古代蒙古人社会制度的有关资料之中。"② 同样,古代蒙古箴言中包含的逻辑思想极为丰富,特别是辩证思维得到充分应用,成为我们研究古代蒙古族逻辑思想的重要载体。仅以《蒙古秘史》来举例,其中记录很多通过事物矛盾表达深邃道理的箴言,体现了古代蒙古族先民对事物矛盾的辩证认识。例如,"深水已涸矣,明石已碎矣"（§72）中,从"深水不易涸,明石不易碎"的本质属性出发,将以"深水已涸矣,明石已碎矣"表达了表面上不该发生的事情已经发生,而且不容更改或复存的道理。再比如,"牛吃草,狗吃肉"是动物本性所决定的,但在"裹上草,牛也不吃,裹上油脂,狗也不吃"（§255）的箴言中,用"裹上草,牛也不吃,裹上油脂,狗也不吃"这种非正常

---

① 格·孟和:《蒙古哲学概论》,辽宁民族出版社,2018,第79页。
② 〔苏〕Б. Я. 符拉基米尔佐夫:《蒙古社会制度史》,刘荣焌译,中国社会科学出版社,1980,第19页。

的矛盾性,来说明"裹"在里面"人"(或物)的极其"非善"程度。在《蒙古秘史》中,这样在矛盾对立中认识事物、表达思想的例子也很多。例如,生—死(§24)、弓—箭(§87)、苍天—大地(§113)、早—晚(§124)、父—母(§197)、明—暗、远—近(§199)等,充分表明了古代蒙古族先民掌握和应用朴素辩证法的情况。

古代蒙古族辩证思维,在古代蒙古族军事思想中也得到了更充分的反映。

第一,成吉思汗对敌人(ᠣᠰᠣᠯ)和归顺者(ᠣᠴᠣᠯ)的评价标准,集中反映了成吉思汗对事物矛盾统一的辩证思维。即敌人并不永远是敌人,归顺者不一定都应该接受。例如,曾经的敌人者别(§147)、合答黑巴阿秃儿(§185)因为敢于承认自己的敌对行为、对自己汗王忠诚,被成吉思汗免除惩罚,使其当自己的使臣。主动投奔成吉思汗的阔阔出(克列亦惕部桑昆侍从)(§188)、札木合的五位朋友(§201)等,因为对自己汗王不忠诚,不值得交朋友而被处置掉。

第二,腾格里思维本身就是一种将事物放在整个事物联系网中的辩证思维形式。成吉思汗认为从幼年时代的一次又一次脱险重生到统一蒙古各部落的每一次战争胜败都是"长生天的保佑"。这里虽然有宗教信仰等原始思维的愚昧的一面,但是,客观地分析,在当时的历史背景下,他所认识的"长生天"里包括客观事物间的必然性和或然性的辩证统一关系。后人,包括国内国外不少伟人,将成吉思汗评价为政治家、军事家、思想家等有其深刻的道理。

第三,成吉思汗对战争的认识和对待战争的态度上,体现了古代蒙古族辩证思维。某种意义上,成吉思汗具有封建时代暴君的形象。他发动无数次的战争,给战地百姓带来了不可估量的损失和伤害。但是,成吉思汗每次发动战争都有充分的理由,甚至

"礼让三分",而且对归顺者绝不使用武力,而是采取善待政策。例如,翁吉剌惕部降顺成吉思汗,所以对他们"秋毫未犯"(§176);对童年的安答札木合,成吉思汗从来没有主动发动攻击,甚至在札木合三番五次挑拨成吉思汗与王罕之间的关系,向他发动毁灭性打击的情况下,还是想给札木合留条生路。在札木合主动请求以死安心的时候,才提出几条"该杀"的理由,以"不见血"的方式处置(§201)。第一次攻打金国,已经攻破金国的防线,如果继续攻打,完全可以尽早征服金国。但是,王京丞相提出求和意愿时,成吉思汗接受了求和条件,撤兵回到蒙古高原的营地(§248)。最后,在金国截杀成吉思汗派往宋朝的使者后,成吉思汗才发动更为猛烈的攻击,彻底战败金国(§251)。

第四,《蒙古秘史》中记载的成吉思汗灵活多变的战术、战略思想也充分体现了古代蒙古族辩证思维特点。成吉思汗能够正确认识哪个是主要矛盾、哪个是次要矛盾,并在战争的思维选择过程中,抓住主要矛盾,处理问题层次分明,使其战术、战略思想明确,预期的推导符合现实情况。例如,成吉思汗攻打塔塔儿时,告知主儿勤部出兵联合袭击塔塔儿,但是等了六天主儿勤未出兵。这时成吉思汗将主要矛盾指向塔塔儿,杀死了篾古真薛兀勒图,回来后才向主儿勤出兵惩罚他们没有出兵帮助攻打塔塔儿同时掠夺成吉思汗大营的过错行为(§133)。同样,成吉思汗攻打西夏时,要求唐兀惕作为右翼出兵相助。但是唐兀惕部阿沙敢不不但没有出兵相助,还恶语伤人。这时成吉思汗还是将攻打西夏作为主要目标,并说:"怎么被阿沙敢不说成这样!如果改换目标先征他们,又有何难?正在指向他人的时候,姑且作罢!若蒙长生天保佑,凯旋回銮,那时再说吧!"(§256)另外,克列亦惕部王罕、桑昆在札木合的挑唆下,向成吉思汗发动战争,造成极大的损失,这时成吉思汗不仅仅考虑与王罕之间自父辈以来多年的交情,更重要的是考虑兵力受损严重(当时成吉思汗仅剩2600名士兵）（§175），采取"缓兵"战术，分别向王罕、桑昆、札木合等人派使诉说从前的誓约（§177）；成吉思汗命令速别额台追击敌军时强调纪律，要求把追击敌军彻底消灭之作为主要矛盾，他告诫速别额台，在行军作战中，要注意事态的发展，把握时机，要从最困难的地方着眼，特别要注意不能在行军途中为了追逐野兽而贻误军机，破坏整个部署（§199）。

辩证思维和整体思维（或系统思维）可以说是相互依存的两种思维形式。辩证看待事物的矛盾，就是对事物整体性认识的结果。《蒙古秘史》中也反映了古代蒙古族这方面的思维特征。例如，别勒古台被不里孛阔砍伤了肩膀，还要考虑大局，说："我没事，不要因为我，伤了兄弟之间的和睦！"（§131）

总之，古代蒙古族已经有了较为成熟的辩证思维，体现蒙古先民丰富的逻辑思维。

第六节　古代蒙古族古列延思维

"古列延"是古代蒙古族历史文化方面的一个特殊概念，与蒙古族的传统思维方式有着密切联系。"古列延"为蒙古语，在现代蒙古语里具有院子、院落、庭院、围墙、范围、领域、框子、圈、营盘等多种意义。拉施特对古列延的含义做过这样的解释："古列延〔一词〕的含义如下：许多帐幕在原野上围成一个圈子驻扎下来，它们就被称为一个古列延。""所谓古列延是圈子的意思。在古时候，当某部落屯驻在某地时，就围成一个圈子，部落首领处于象中心点那样的圈子的中央，这就称做古列延。"① 符拉基米尔佐夫也将"古列延"视为11~12世纪蒙古人的主要游牧形式之

---

① 〔波斯〕拉施特：《史集》（第一卷第二分册），余大钧、周建奇译，商务印书馆，1983，第18页。

一,并称:"结成集团游牧的人,通常列队移动并环营驻屯。这样的环营有时达数百个帐幕。环营,蒙古语为'古列延'(küriyen~güriyen),是由许多阿寅勒聚集而成的;蒙古语中的阿寅勒(ayil),乃是若干个帐幕和幌车组成的牧营或牧户。"①

我们将古代蒙古人在生产生活实践和思维认知过程中,以古列延来认识事物、指导行为的思维方式称为古列延思维。有人也叫库伦思维。"古列延"一词在迄今为止发现的蒙古族最早的历史文献——《蒙古秘史》中共出现13次,10次旁译为"圈子",3次为"营"。另外,以动词形式出现3次,旁译为"下营了"。"古列延"形状为圆形,"圆"蒙古语里叫"dogoi"(独贵),因此,有人将古列延思维也叫圆形思维或独贵思维等。本书以《蒙古秘史》记录为依据,称为古列延思维。

古列延思维在古代蒙古族整个思维世界里发挥着特殊的作用,可谓是古代蒙古人独特的思维模式。古代蒙古族这一思维特征在军事组织形式、游牧组织形式、狩猎形式以及民风习俗当中均得到了充分的体现。

一 游牧组织形式——古列延

符拉基米尔佐夫对古代蒙古族游牧形式的描述比较详细,他说:"可以把11—12世纪蒙古人的游牧分为两种形式。一种是结成相当大的集团来生活和游牧;另一种则呈现相反的现象:一些个别家族单独、孤立地或结成较小的集体进行游牧……古列延经济与阿寅勒经济相结合对11—12世纪的蒙古人来说,似乎是最理想的方式。"②

---

① 〔苏〕Б. Я. 符拉基米尔佐夫:《蒙古社会制度史》,刘荣焌译,中国社会科学出版社,1980,第59页。
② 〔苏〕Б. Я. 符拉基米尔佐夫:《蒙古社会制度史》,刘荣焌译,中国社会科学出版社,1980,第59~61页。

据我们分析，古列延应该是古代氏族社会蒙古族先民最早的经济生活形式。当时，生产力水平低，未产生私有资产，牲畜、草场为氏族共有。氏族成员共同生活，结为一群，共同参与游牧、狩猎和采集活动。驻营休息时，将德高望重的老人（不一定就一人）围在中间，其余人环绕而坐，分食物、商议事情等。随着人口的增多、生产力的提高，逐渐产生古列延游牧形式。阿寅勒游牧形式，可能是从氏族部落社会转入奴隶制社会的产物，亦即产生私有资产，以氏族为单位，进行生产生活。

在当时的自然、社会环境下，古列延形式具有较强的防御功能。辽阔无边的大草原，不管敌人或猛兽从哪一方向攻击，都能被尽早发现，有利于保护自己或反击对方。符拉基米尔佐夫的一句话充分证明了这一点："如果以阿寅勒单独地进行游牧对某些人是更为方便的话，那末，就另一方面来说，在其他的情况下，被排斥于环营即古列延之外，那就是危险和可怖的事情了。"[①]

《蒙古秘史》里我们能够清楚地看到古列延游牧的记载，但没有详细描述古列延的规模：也速该巴阿秃儿被害后，泰亦赤兀惕氏塔儿忽台等人游牧搬迁时，将诃额仑、帖木真母子一家撇在营地，搬走了（《蒙古秘史》§72）；帖木真与孛斡儿出寻找自己被盗的八匹马，夕阳西下时到一个"古列延"百姓处，发现八匹马在那个"古列延"旁边吃草（《蒙古秘史》§90）；在描述不同氏族百姓投奔成吉思汗时，都以"古列延"为单位（《蒙古秘史》§120、122、213）。这就说明，蒙古族先民主要以古列延形式进行游牧。

二 军事组织形式——古列延

众所周知，古代蒙古族早期的军队组织是"全民皆兵"的组

---

① 〔苏〕Б. Я. 符拉基米尔佐夫：《蒙古社会制度史》，刘荣焌译，中国社会科学出版社，1980，第60页。

织形式。平时以古列延为单位游牧的牧民,遇到战争,也按照原有的组织形式——古列延参加战争。《蒙古秘史》中记载的几个氏族共同形成一个古列延来归顺成吉思汗,是证明自己遇到战争时,能够出一个古列延兵力。成吉思汗与札木合之间的答阑·巴勒主惕之战,是体现古代蒙古族军事组织古列延形式最典型的一次大规模的战争(《蒙古秘史》§129)。札木合与成吉思汗双方均整治十三古列延三万大军参战,因此,历史上也叫"十三翼之战"。《蒙古秘史》对这次战争的细节没有详细记载。我们从拉施特的《史集》里能够补充这方面的资料,可作为我们说明"古列延"成为古代蒙古族军事组织形式的依据。《史集》记载:"成吉思汗获悉了这个情况(指札木合联盟组织十三古列延向其出兵——引者),马上组织起〔自己的〕军队,并〔将这个情况〕通知了拥护他的友盟部落和氏族。〔全体〕集合起来后,按照万、千、百人点数。总共是十三个古列延。"① 《史集》还详细记录了成吉思汗参战的十三个古列延的组成人员情况,最后描述战争结果如下:"双方厮杀起来。在最高真理佑助下,成吉思汗用这个十三个古列延歼灭了〔敌人〕三万骑兵。"

曹道巴特尔在分析"十三翼之战"时也称:"此时的古列延早已不是生产生活方式,而已经是一种战斗中军队组合方式或者一种真正意义上的防御体系。"②

"古列延"不仅是古代蒙古族军队组织形式,也是战争中惯用的战术和兵力布阵方式。拉施特在《史集》中说明古代蒙古族游牧生活组织形式"古列延"之后,紧接着称:"在现代,当敌军临近时,他们〔蒙古人〕也按这种形式布阵,使敌人与异己无法

---

① 〔波斯〕拉施特:《史集》第一卷第二分册,余大钧、周建奇译,商务印书馆,1983,第112~214页。
② 曹道巴特尔:《蒙汉历史接触与蒙古语言文化变迁》,辽宁民族出版社,2010,第214页。

冲进来。"① 《蒙古秘史》记载，成吉思汗与乃蛮部交战时，兀鲁兀惕、忙忽惕将领们"脱斡里合周 阿亦思忽"行军阵势使塔阳汗惊讶恐吓退到山腰（《蒙古秘史》§195）。这里的"脱斡里合周"就是"绕圈"，《蒙古秘史》旁译为"绕着"。由此得知，"古列延"（绕着圆圈进攻的模式）是古代蒙古兵一种战术和布阵方式。

成吉思汗建立蒙古汗国，实行万户、千户、百户、十户制后，古老的古列延组织形式慢慢退出了历史舞台。但是，从语言文化的角度，现在仍能清楚地看见古列延在古代与军事之间的紧密联系。例如，"军营"叫"cherg-in horoo"、团长叫"horoon darga"，这里的"horoo"是由"古列延"[huriye]演化而来的同源词。

瓦·赛音朝克图则在《〈蒙古秘史〉的文化阐释——历史人类学研究》（蒙古文版）一书中认为："古列延不是游牧生活需要，而主要出于军事目的。古列延的作用在于集中军事力量和后勤供应，更重要的是保护安全。过去有些学者认为，古列延是古代游牧形式，有的认为是社会组织机构的固定单位。我看这也许是错误的认识。"②

三 狩猎形式——古列延

狩猎是古代蒙古族先民重要的食物来源和生活方式之一。豁里秃马惕部豁里剌儿台·蔑儿干"因野兽等可猎之物较多"而搬来不峏罕合勒敦山（《蒙古秘史》§9）能够说明这一点。相比之下，狩猎比游牧更需要集体力量和团队精神。集体狩猎毫无疑问是古代蒙古族先民狩猎的最早的形式。由于在当时的狩猎工具条件和自然环境下，独自一人狩猎可能会遇到猛兽攻击，有丧命的

---

① 〔波斯〕拉施特：《史集》第一卷第二分册，余大钧、周建奇译，商务印书馆，1983，第112页。
② 瓦·赛音朝克图：《〈蒙古秘史〉的文化阐释——历史人类学研究》，内蒙古人民出版社，2006，第205~206页。

危险。孛端察儿在被三个哥哥抛弃后,在无奈情况下,才"死就死,活就活吧"而独自一人骑着秃尾黑脊梁青白马跑到巴勒谆阿剌勒岛,用马尾毛捉住一只鹰,依靠这只猎鹰和马狩猎过日子(《蒙古秘史》§24~25)。这足以说明,古代蒙古人在不是万不得已的情况下,不会单独狩猎,而是集体狩猎。后来,随着私有制的产生和狩猎技术的提高,个人狩猎逐渐普遍起来。符拉基米尔佐夫对狩猎方式描述如下:"狩猎有两种:个人的狩猎和公共的狩猎即围猎。他们也很爱好鹰猎。狩猎一般地被看成是一种高尚娱乐,围猎差不多总是远征、战争和袭击的同伴物,军队藉此获得食物和实行演习。我们的资料常常提到围猎,并且对它有相当详细的记载,但是围猎的种种细节,如它究竟是怎样组织起来的等等,今天还是难以想象。"①

这里所谓的"围猎"在蒙古语里称为"hureen aba"(古列延狩猎)。如果从安全防范角度,古列延的圈内或中央是最为安全的话,那么,从攻击、狩猎的角度考虑,被围在古列延以内的野兽,也就最有把握或最容易捕杀了。因此,古列延狩猎成为蒙古族从古至今流传下来的传统的狩猎形式。《蒙古秘史》中也有不少关于古列延狩猎的记载,但是对它的组织形式、人员规模等没做详细记录。好在古列延狩猎形式一直保留至今,为我们了解古代先民狩猎形式提供了依据。下面我们看看关于内蒙古赤峰市巴林旗狩猎习俗的记载:"巴林人狩猎时,首先由苏木(乡、镇——引者)嘎查(村——引者)的官员或德高望重的狩猎活动主持者商定狩猎地点、规模、时间之后,告知各嘎查。到了狩猎的日子,猎人们带着猎狗、骑着马向狩猎中心出发。假如是五个苏木的狩猎,猎人们大概从一百华里的距离从外向内将野兽猎物围赶。狩猎高

---

① 〔苏〕Б. Я. 符拉基米尔佐夫:《蒙古社会制度史》,刘荣焌译,中国社会科学出版社,1980,第64~65页。

手（神射手）等候在狩猎中心的山坡上，做好射杀被围进来的野兽猎物。"①

从这一描述，我们能够勾勒出古代蒙古族先民古列延狩猎的梗概画面。也就是众多参与狩猎的人，从很远的距离形成巨大的环形，从外向内逐渐缩小范围，将野兽围在中间，最后接近古列延中心点的时候，射杀猎物。《蒙古秘史》中所描述的"围猎狡兽时，我们愿为你上前围堵，把野外的野兽给你包围住，肚皮挨着肚皮！把山崖的野兽给你包围住，后腿挨着后腿"（《蒙古秘史》§123）就是指古列延狩猎的情景。

四 古列延与古代蒙古族习俗

作为经济、军事生活中的重要组织形式，古列延在古代蒙古族相关习俗中也得到充分反映，进一步说明了古代蒙古族思维方式的古列延思维这一独特特征。

古列延的最显著特征就是它的形状——圆形。古代蒙古族先民特别崇尚圆形，认为圆形代表吉祥、圆满。蒙古包的外形是圆状体，底座是圆形，陶纳"toono"（天窗）也是圆形的。"天窗本身的形状确实很像佛教的法器'浩日劳'（即法轮），而陶纳和奥尼在一起恰好形成一轮红日当头照的美妙形象。"② 这时，联想到古代蒙古族出征、狩猎、游牧迁移以及举行宴会时选择"红圆光日"的习俗。太阳光芒四射、圆月照耀大地、佛教法器浩日劳、蒙古包天窗与奥尼所形成的形状惊人的相似。这绝不是偶然，应该是古列延思维在蒙古族生活中处处起作用的结果。与蒙古包相协调，蒙古族牧民的羊圈、牛圈都是圆形的，牧民一般烧干牛粪，牛粪堆形状与蒙古包相似，也是圆形物体。

---

① 特·额尔敦陶克套、满都夫：《蒙古族传统形象思维》，内蒙古人民出版社，2001，第258~259页。
② 巴·布和朝鲁：《蒙古包文化》，内蒙古人民出版社，2003，第12页。

祭敖包是蒙古族的传统习俗。"敖包"的意思为"堆子"。关于敖包的来历，普遍认为是由古代蒙古族先民为了辨认道路、做记号等，将石块堆在一起形成较为明显的包而来。敖包的形状也是圆的。蒙古族地区有大小不一的很多敖包。现代的祭敖包活动有很多仪式，内容复杂，形式隆重。伴随着祭敖包，一般都举行较大规模的那达慕，场面非常喜庆、热闹。另外，《蒙古秘史》里提到的"撒黑刺合儿抹敦"（圣树）的形状远看也是与蒙古包相似的圆形物体。

如今的内蒙古东部地区已经离开传统的游牧生活多年，除了极少数牧区以外，几乎看不见住蒙古包的住户，生活方式也与内地居民不无两样。但是，个别家庭房屋旁边用柳条编制的凉房形似蒙古包，似乎代表着他们对蒙古包的思念，更为重要的是崇尚圆形的古列延思维仍然留存在远离游牧生活的蒙古族人民的脑海里。斯钦朝克图先生的一句话很有概括性："从文化语言学角度分析，它（指'古列延'——引者）不仅能够反映蒙古族原始认知思维——库伦思维即圆形思维，而且还能够反映氏族公社时期蒙古族生产、防御和氏族制度等库伦文化。"①

总之，古列延思维是古代蒙古人独特的思维模式，也是古代蒙古族思维方式与其他民族思维方式相互区别的显著特征之一。图·乌力吉教授在《古代蒙古人文化思维》一书中称："古列延思维或以古列延思维认识事物、现象是古代蒙古人智慧宝库中的基本概念。"② 古列延思维在现代蒙古人认知世界和生活实践里的遗留及其影响另文阐述。

---

① 斯钦朝克图：《蒙古语"库伦"的文化释读》，《民族研究》2001年第4期。
② 图·乌力吉：《古代蒙古人文化思维》，内蒙古大学出版社，1997，第452页。

第四章

蒙古因明

"因明,是古代印度的五明(五种学艺)之一。在西方势力侵入印度以前,因明在印度教育中所占的地位,大致和亚里士多德逻辑在欧洲教育中的地位相埒。"① "'因明'是梵文 Hetuvidyā 的意译,音译为希都费陀,其中'Hetu',译作因,指原因、根据和理由;'vidyā'译作明,其含义为知识、智慧,所以人们通常把'因明'理解为原因之学或由因推出宗的推理论证的学说。"② 因明是古代印度以逻辑思想为主要内容的认识理论,有人也称之为佛教逻辑。因明从印度传入中国之后分为汉传因明和藏传因明两支。"藏传因明随着佛教的传入以佛教典籍的译介方式传入蒙古地区并与蒙古族文化相互渗透、相互影响,形成了有别于藏传因明和汉传因明的蒙古因明。"③ 学术界称为"蒙古化的因明"或"蒙传因明"。因明传入蒙古地区之后,对蒙古族文化包括蒙古族思维方式起了很重要的作用,是古代蒙古族逻辑思想不可或缺的内容之一。

---

① 石村:《因明概述》,中华书局,1981,第1页。
② 张忠义:《因明蠡测》,人民出版社,2008,第4页。
③ 莫日根巴图:《蒙古因明浅论》,《内蒙古民族大学学报》(社会科学版)2012年第5期。

第一节　因明传入蒙古地区概况

一　因明传入蒙古地区的时间

学界一致公认，因明是随着佛教传入蒙古地区的。因此，因明传入蒙古地区的时间应该与佛教传入蒙古地区是一致的。蒙古人究竟何时开始与佛教接触或佛教何时开始传入蒙古地区问题现在还无法确切回答，学者们的观点也不一致。有的学者认为："蒙藏历史关系的开端与西藏佛教传入蒙古之肇端，是既有紧密联系又有区别的两个不同概念。"① 并在广泛列举《蒙古秘史》、《元史》、《如意宝树》、《蒙古佛教史》、《新红史》、《蒙古源流》、《史集》、《世界征服者史》、《多桑蒙古史》、《游记》（约翰·普兰诺·加宾尼）、《东游记》（威廉·鲁不鲁乞）、《蒙古的宗教》（海西希）、《蒙古民族关系史略》（扎奇斯琴）等典籍中关于蒙藏关系记载的基础上，提出了"窝阔台可汗时期公元1240年，蒙军入藏是蒙藏历史关系的始端，贵由可汗时期公元1247年，阔端与萨班的会晤，不仅确立了蒙古汗国对西藏的统治地位，而且也成为藏传佛教传入蒙古之肇端的重要标志"② 的观点。

蒙古国学者舍·纳楚克道尔吉将佛教传入蒙古的经历分为三个阶段：第一阶段是蒙古帝国时期；第二阶段是蒙古封建阶级衰落时期；第三阶段是清朝统治时期。他指出："曾有些喇嘛编年史家企图把佛教在蒙古的传播说成是成吉思汗的所为。有关他派遣使者到西藏大喇嘛公噶宁布那儿去的事情常常被人记载下来。不

---

① 浩斯：《藏传佛教传入蒙古之肇端》，《内蒙古师范大学学报》（哲学社会科学版）1995年第4期。
② 浩斯：《藏传佛教传入蒙古之肇端》，《内蒙古师范大学学报》（哲学社会科学版）1995年第4期。

过,目前尚未发现可靠的证据。"①

陈庆英、孟轲在《佛教在蒙古地方的传播》一文中,介绍了固实噶居巴·洛桑泽培所著的《蒙古佛教史》,并选译发表了"佛陀教法的传播"和"佛教在蒙古的早期传播"两部分。据该译文记载:"对于佛陀教法在蒙古地方传播,释迦牟尼曾作过预言。……从佛陀出现涅槃的火龙年算起,过了二千四十一年的第四饶迥火兔年(1207年)时,梵天法王博克达成吉思汗亲自派人从西藏的前藏到后藏去,与萨迦派的萨钦·贡噶宁布结成施主与上师的关系,并从前后藏地方迎请佛像、佛经、佛塔,使得蒙古人对佛法获得坚固不坏的信仰,对佛法信奉和有持居士戒者出现,这是佛教在蒙古地方传播的开始,使政教如一双日月,利乐的喜庆如夏天之海水增溢,这是博克达皇帝对蒙古地方的所有众生的不可思议的大恩德,成为蒙古信奉佛法的根基。"② 显然,这与以1247年阔端与萨班的凉州会晤作为藏传佛教传入蒙古之肇端重要标志的观点相比,将佛教传入蒙古地区的时间整整提前了40年。

蒙古国学者舍·比拉将蒙古佛教历史分为"古代或原蒙古人时代""蒙古时代(13~14世纪)",并提出了"虽然从蒙古人来讲接受佛教比较晚,但从蒙古地区来讲,佛教有着较为久远的传统。佛教在蒙古地区的肇兴由于是在真正的蒙古人出现在历史舞台之前,或是产生于自古生活在蒙古地区的原蒙古人部落时期,因而该时期可称为前蒙古时期或是原蒙古部落时期"③的观点,把蒙古地区接受佛教和蒙古人接受佛教两个概念区别开来。据此观点,佛教传入蒙古地区的时间应该涉及蒙古族形成之前的北方游牧部落时期。

---

① 〔蒙〕舍·纳楚克道尔吉:《佛教传入蒙古的历史》,《蒙古学资料与情报》1990年第2期。
② 固实噶居巴·洛桑泽培:《藏文〈蒙古佛教史〉选译 佛教在蒙古地方的传播》,陈庆英、孟轲译,《西北民族研究》1989年第1期。
③ 〔蒙〕舍·比拉:《蒙古佛教历史概要》,《蒙古学信息》2001年第1期。

《蒙古族通史》却持佛教是唐兀惕和金国两个途径传入蒙古,而且汉地佛教与蒙古政权的正式接触是在藏传佛教进入蒙古之前的观点。《蒙古族通史》里写道:"据现存蒙古人留下的史料,成吉思汗同西藏宗教领袖人物交涉之事颇不少见。然而这些记载,均不是时人亲见,而是时代比较靠后的作品,这一类作品往往包含着明显的错误,甚至是喇嘛们虔诚的虚构,其可信度实在令人怀疑。蒙古人最初与佛教接触是成吉思汗1206年建立'大蒙古国'以后的事情,与大蒙古国征服西夏与金国有关。一个途径是唐兀惕传入,另一个途径是从金国传入。当成吉思汗建立蒙古汗国时候,其临近的西夏,已经成为佛教兴盛的国家。……大蒙古国时期西藏僧人经过西夏北上蒙古,在蒙古地区传播佛教,并得到蒙古汗廷的敬重,是有根据的。……公元1211年成吉思汗开始进攻金国。于是蒙古人又开辟另一个途径与汉地佛教进行接触。……1219年,蒙古大将木华黎奉成吉思汗之命,攻取岚城(今山西岚县),在战乱中海云与其师中观遇到了史天泽、李守忠等蒙古的汉军将领,并结为'金石之友',同时由他们举荐,见到了当时在华北的蒙古军统帅太师国王木华黎。……经木华黎的推荐,成吉思汗不仅知道了海云及其师中观的业绩,并赐给他们以'告天人'的称号。……成吉思汗将海云等人视为蒙古固有的萨满教的头人'帖布·腾格里'(告天人),并从这一概念出发,指派他们掌管中原佛教之事。1219年,成吉思汗西征途中传诏,命海云及其师中观统汉地僧人,免其差发,于是海云等从木华黎处得到汉式法号'寂照英悟大师'和一切恩赐与礼遇。以上为成吉思汗时期汉地佛教与蒙古发生联系的最早记录,说明汉地佛教与蒙古政权的正式接触是在藏传佛教进入蒙古之前,并且得到了成吉思汗的敬重与保护。"① 如果按这个观点,佛教传入蒙古地区的时

―――――――――

① 蒙古族通史编写组:《蒙古族通史》第2卷,内蒙古大学出版社,2002,第390~395页。

间应该在 13 世纪初成吉思汗统治时期。

姚南强在《因明学说史纲要》中认为："藏传因明又由嘉木祥协巴多吉（公元 1648 年~1722 年）传入蒙古。嘉木祥之徒赛·阿旺扎西（公元 1678 年~1738 处［年］）著有《量论要义根本释智者颈饰》，全书共有 26 个摄类项目，成为拉卜楞寺的专用因明读本。"①

"作为一种文化形态，宗教传入或影响一个地区不应以某一具体时间作为明显的界定，它是一个漫长的、渐进的传入、传播、发展过程。因明传入蒙古地区也不例外。"② 对蒙古地区来讲，蒙古族形成之前的北方游牧部落时期已不同程度地接触佛教符合历史事实："匈奴时期，古印度佛教通过西域进入蒙古高原，但是，仅仅是'进入'或'传入'而已，未曾形成规模。"③ 对蒙古族来讲，或者说藏传佛教传入蒙古地区，应该以公元 1247 年阔端与萨迦班智达的凉州会晤为标志是比较有说服力的。因为这一事实有明确的历史根据和记载，而且从此之后，佛教大规模传入蒙古地区，随着佛教的传入，因明也更多地传入蒙古地区。

二 因明传入蒙古地区的方式

"因明是随着佛教的传入以佛教典籍的译介方式传入蒙古地区的。"④ 最早的蒙文佛教典籍是在元代依据藏文、梵文、汉文佛典译出，以写本形式流传。"手抄《甘珠尔》珍藏于蒙古国中心图书馆（只有前面的 7 卷）、圣彼得堡大学东方系图书馆、布里亚特社会科学院图书馆等地"⑤ 佛教典籍的翻译成为当时蒙古社会主

---

① 姚南强：《因明学说史纲要》，上海三联书店，2000，第 142 页。
② 莫日根巴图：《蒙古因明浅论》，《内蒙古民族大学学报》（社会科学版）2012 年第 5 期。
③ 宝力高：《蒙古文佛教文献研究》，人民出版社，2012，第 15 页。
④ 莫日根巴图：《蒙古因明浅论》，《内蒙古民族大学学报》（社会科学版）2012 年第 5 期。
⑤ 黄伟东：《试论〈智慧之鉴〉的历史价值与现实意义》，西北民族大学蒙古语言文化学院硕士学位论文，2008。

要的文化活动之一,早在 1308 年至 1311 年阙吉吾色编著的《蒙文启蒙》里就提出了翻译佛教五明学的原则等问题。"蒙古民族从 14 世纪就开始翻译了《甘珠尔》,元代翻译家阙吉吾色、锡喇卜僧格等人节译过《甘珠尔》。元朝时期节译了多少卷《甘珠尔》经无准确说法,但阙吉吾色、锡喇卜僧格、必兰纳锡利等一代著名译家节译过《甘珠尔》经是不可否认的事实"[①]。

据相关资料记载,早在窝阔台可汗时期《甘珠尔》的补刻工作已开始进行,于 1242 年完工。16 世纪末,随着藏传佛教格鲁派的传入,蒙古地区的佛教得到复兴,佛典的翻译事业再次兴盛起来,并于 17 世纪前期林丹汗时代完成蒙古文《甘珠尔》的翻译与结集,于 1628 年至 1629 年完成著名的《金字甘珠尔》。于清康熙五十六年(1717)至康熙五十九年(1720),依据北京版藏文《甘珠尔》校对补译后,雕版印刷蒙文刻本《甘珠尔》。乾隆六年(1741)至乾隆十四年(1749),根据北京版藏文《丹珠尔》翻译刊刻蒙文刻本《丹珠尔》。

随着佛教在蒙古地区的传播和发展,蒙古族学者更多地接触并译介了包括因明在内的古印度和西藏的佛教著作。根据《丹珠尔》的蒙译工作需要,受当时清政府指令,由章嘉呼图克图若必多吉组织,衮布扎布、毕勒衮达赖、阿必达等人开始编撰藏、梵、蒙语词典,从而被称为"《甘珠尔》、《丹珠尔》内容提要",即"五明学"的蒙译之根本词典——《智慧之鉴》于 1742 年正式问世。《智慧之鉴》第一部分序言里记有佛教传播史,值得我们认真研读。到了 18 世纪上半叶,不少藏蒙翻译词典接连问世,比如:阿必达等人的《二十一卷本词典》、衮布扎布等人编写的《藏语便学书》,等等。这些都能充分说明当时佛教典籍蒙译工作开展的

[①] 黄伟东:《试论〈智慧之鉴〉的历史价值与现实意义》,西北民族大学蒙古语言文化学院硕士学位论文,2008。

程度。但由于当时的客观条件限制,佛教特别是因明主要在寺庙范围之内喇嘛群体里传诵、学习,很少在民众当中得到传播。这些译著的挖掘、整理也是我们当今蒙古族逻辑学界的紧迫而艰巨的任务。

图·乌力吉在《蒙古因明学的来源问题的探讨》一文中提出了"蒙古地区以梵语和藏语两种途径接触因明,准确地讲,佛教传入蒙古地区,随着《甘珠尔》、《丹珠尔》的蒙译是开始接受因明"①的观点。宝力高在《蒙古文佛教文献研究》中指出:"'因明'类论点有76篇被译成蒙古文,编入《丹珠尔·契经解》,95~115卷。其中有陈那著《集量论》、《集量论释》、《观总相论》、《观总相论释》、《因明正理门论》、《观三世论》、《九法论品》,法称著《释量论》、《量抉择论》、《正理一滴论》、《因论一滴论》等论典。"②

在蒙古族历史上研究佛教哲学、因明学的杰出代表阿旺丹迪尔即是一名从小得到佛教训练,赴西藏、印度等地研究佛教哲学,一生深入修炼佛学知识的"喇冉巴"。据图·乌力吉《蒙古族佛教因明学家阿旺丹迪尔》③一文介绍,阿旺丹迪尔喇冉巴在佛学理论方面,在印度、西藏和蒙古族当中享有盛名,写过很多内容深、知识广的佛学理论书。文章还对阿旺丹迪尔36部文章的题目进行了列举介绍。

第二节　蒙古因明历史文献

因明是随着佛教传入蒙古地区的,主要的传播形式之一无疑

---

① 图·乌力吉:《蒙古因明学的来源问题的探讨》,《因明》第3辑,甘肃民族出版社,2009,第214页。
② 宝力高:《蒙古文佛教文献研究》,人民出版社,2012,第43页。
③ 图·乌力吉:《蒙古族佛教因明学家阿旺丹迪尔》,《西北民族学院学报》(哲学社会科学版)1997年第2期。

是佛教经典著作的翻译。"佛教经典和佛经的翻译主要是从汉文、梵文、藏文中将原文献、代表性人物的生平以及贡献等多语言文字间相互转译或翻译成蒙古文的过程。"① 其中，蒙古文《甘珠尔》《丹珠尔》是蒙古因明研究的最重要的历史文献。

一 蒙古文《甘珠尔》

据郑堆主编的《中国因明学史》中图·乌力吉负责的关于蒙古因明部分资料②记载，《甘珠尔》的翻译工作从13世纪开始持续到1629年，最后由蒙古察哈尔部林丹汗时期完成。元大德（1297~1307）年间，在萨迦派喇嘛法光（蒙古语译为却吉敖斯尔）的主持下，由西藏、蒙古、回鹘、汉族僧众将藏文大藏经译为蒙古文，在西藏地区刻造印刷。明万历（1573~1619）年间，补译了部分典籍增入刊行。蒙古察哈尔部林丹汗时期，由贡嘎沃色为首的众多译师所完成的全部藏文《大藏经》的翻译，就是指此次的补译、增入刊行部分。崇祯（1628~1644）初年还进行过一次校刊。康熙二十二年（1683），清廷组织全国蒙、藏、汉、满各族译师，由和硕裕亲王福全领衔监修重新审订，蒙古文《甘珠尔》木刻出版。

蒙古文《甘珠尔》由6藏108卷1161部著作组成。分别有：（1）秘密经1~25卷；（2）大般若经26~47卷；（3）大宝积经48~53卷；（4）华严经54~59卷；（5）诸品经60~92卷；（6）律师戒行经93~108卷等。

第一部主要有密乘略集和密乘部分的著作，即《一切如来自性所大集乘经》《本续王吉祥时轮》《圣者文殊根本本续》《密咒四续部》等大小作品和秘密经略集。盛行于蒙古族地区的《金光

---

① 郑堆主编《中国因明学史》，中国藏学出版社，2017，第546页。
② 郑堆主编《中国因明学史》，中国藏学出版社，2017，第548~551页。

明经》，收录于第 13 卷中。

第二部主要由大般若经的《最圣大智慧到彼岸千百颂》《最圣大智慧到彼岸二万五千颂》《圣一万八千般若波罗蜜多大乘经》《智慧到彼岸一万颂》等的巨作和《圣者智慧到彼岸金刚经》《智慧到彼岸五百颂》，以及略集诗《圣智慧到彼岸一字母经》等诸多著作组成。蒙古人所信奉崇尚的《八千颂般若》在其第 46 卷中。

第三部主要对《千百品大乘经》做了分类归属。《大方广佛华严经》共 19 部分、69 章节。作为第五部的诸品经包括大小经藏 31 卷的同时，还包括《圣大乘楞伽经》《正法白莲华大乘经》《大般涅槃经》《圣禅定王经》等著名经藏。《甘珠尔》的第三、第四、第五部分，构成经藏部。

律师戒行经除《律师戒行经》《分别戒律品》《无上戒律科》等大型基础著作外，还有多部有关律师戒行经的著作。108 卷的后续还有多部祈愿经。

二 蒙古文《丹珠尔》

乾隆六年至十四年（1741~1749），清廷又组织数百名译师翻译《丹珠尔》，木刻出版。人们通常认为，《丹珠尔》主要是古代印度和我国佛学家、翻译家对《甘珠尔》的注释及论著，属续藏部分。从对《甘珠尔》的注释、深入研究的角度，可以称其为正藏的续藏。但是，在某些方面，《丹珠尔》中的著作并不仅仅是针对《甘珠尔》进行的注释。《丹珠尔》中的相关佛教理论、思维、知识的分类均是古代印度智者们所独立撰著完成的大集论。

《丹珠尔》主要由密藏（1~88 卷）和经藏（89~224 卷）两大部分组成。密藏部分主要论述关于密宗原文的注释、方法以及各种仪轨。《丹珠尔》的密藏部分是从颂词开始的。有《摄怛特罗王时轮注释根本怛特罗随人一万二千无垢光》（2、3 卷），《呼金刚摄义广注》（16、17 卷），呬噜迦经疏（13 卷），诸类秘密集怛特罗释以及庄严等（29、38、40、56、64 卷等），黑阎魔敌经疏、注释、成就法（44、45 卷），大般若经疏（34、52 卷），明咒经疏（67 卷），六门经疏（70 卷），成就法（28、35、43 卷）等大小一千余部著作。经藏部分的 138 卷（600~700 多帧的卷有很多）由大般若经、俱舍论、中观论、工艺、医药等各学科知识组成。其中主要以古代印度智者们撰著的哲学、逻辑（因明）、心理学、语法、诗歌、天文、历算、医药、工艺等学科知识为主。

经藏的第一部分，主要是大般若经的相关著作，有 89~104 卷之多。89 卷以印度智者对原文和《甘珠尔》般若经所注释为主要内容。其中有著名的《现观庄严论》注释（见 89 卷）、《二万五千颂般若波罗蜜多》、《现观庄严论广疏》（91、92、93 卷）、《般若波罗蜜多十万颂广释疏》（100、101 卷）、《八千颂般若》注释（94、95、99 卷）等巨作。105~121 卷是中观论部分，其中有中观论的建立者大论师龙树所著《般若根本中颂》（105 卷），其徒弟佛护（105 卷）、圣天（106 卷）、清辩（107 卷）、寂天（114 卷）、寂护、莲花戒（116、117 卷），阿底峡尊者（119 卷）等中观论诸多著名论师的著作。122~131 卷是经藏的注释部分，主要有《圣者十二正觉》（122 卷）、《白莲花传》（129 卷）、《圣人楞伽经注》（130 卷）等著名经书的注释。132~150 卷主要包括了唯识宗或瑜伽派著作的部分。132 卷以弥勒的《四部论著》为始，133~136 卷的整个内容则是对《四部论著》的注释。从 137 卷开始，整个 7 卷都是关于唯识宗大乘瑜伽论的建立者无著的《瑜伽师地论》的内容。144、145 卷则是对无著著作《摄大乘论》《大乘阿毗达磨集论》相关内容的收录。151~162 卷主要包含有关俱舍论的著作。151 卷是世亲的《阿毗达磨俱舍论》，后十几卷都以对原文的注释为主。163~177 卷则包括戒律部的相关内容，并收录有《律集》（163~166 卷）、《律经》（170 卷）等律部各大师的著作及其注释。183~200卷为逻辑（因明）著作。其中收录有内因明学开派祖师陈那《集量论》和其他著作，还有其徒弟法称的以七部量论著称的《集量七注》的七部著作。总计有近二十卷的内容。204、205、220、223卷为声明（主要有文学、艺术理论）的相关著作。其中有著名语言学家巴尼尼的作品（204、223、224卷）、著名梵语词典《无死藏》、著名天文学家丹德尔的《诗境论》和著名诗词家迦梨陀娑的《云使》（205卷）等著作。206~221卷为医明的相关著作。其中有《八支心髓药论释》（206卷）及其注释，药理、理疗的相关著作。211卷为修身论部分；221卷则是以历算为主要理论的经文部分。《丹珠尔》后续的卷宗主要以上述部分以外的诸著作为主，且结尾的224卷以颂词为主。225卷则为《丹珠尔》的总目录。

蒙古文《甘珠尔》《丹珠尔》为蒙古因明的核心文献，其中包括的因明著作在《蒙古文甘珠尔·丹珠尔目录》（远方出版社，2002）中有详细介绍，且在《中国因明学史》[①] 中全文节录，在此不做重复。

第三节　蒙古因明研究代表人物及其著作

蒙古因明研究代表人物及其著作需要深入研究和挖掘，图·乌力吉教授主持的国家社会科学基金重大项目"蒙古因明研究"（项目批准号为"17ZDA014"）中将其作为一项子课题专门研究。在此，仅介绍最具代表性的蒙古因明奠基人阿旺丹德尔。

阿旺丹德尔（1759~1840）是内蒙古阿拉善和硕特旗东苏木巴彦淖尔人。自小在寺庙里学习佛经，在拉萨获得拉然巴学位，是著名的佛学家、语言学家、逻辑学家，蒙古因明的奠基人。他

[①] 郑堆主编《中国因明学史》，中国藏学出版社，2017，第551~564页。

的因明著作如下①：

1. 《皈依法中所出教语·如意大宝妙瓶》。
2. 《成就合量导师夫之教语·登大乐宝之宝梯》。
3. 《因明难处助益笔录·新解日光》。
4. 《无所缘因相含义略篇》。
5. 《陈那论师所著宗法轮论明解·大宝明灯》。
6. 《自相共相之建立论余篇》。
7. 《观所缘注释·珍珠美鬘》。
8. 《法称论师所著成他相续论之注释·智者悦意》。
9. 《般若波罗蜜多心经明释·摩尼光》。
10. 《道之三要释·随欲如意》。
11. 《缘起赞难处释义·大宝鬘》。
12. 《部分经句释·如意妙树》。
13. 《别解脱律仪传授仪轨补遗·嘉言金匙》。
14. 《注释总义余篇》。

第四节　因明对蒙古族思维方式的影响

随着国际国内因明研究的深入，蒙古因明研究也开始引起学界的注意，一些潜心研究因明学的蒙古族学者的相关学术论文、研究成果相继问世，有些研究生也以因明作为学位论文的选题进行学习和研究，蒙古因明的研究有了良好的开端。图·乌力吉教授《蒙古因明学概要》于 2008 年正式出版，开辟了蒙古因明研究的先河。笔者也曾发表以《第一部蒙古文因明教材——〈蒙古因明学概要〉》②为题的拙文，介绍该著作的内容和结构、特点以

---

① 郑堆主编《中国因明学史》，中国藏学出版社，2017，第 574~575 页。
② 莫日根巴图：《第一部蒙古文因明教材——〈蒙古因明学概要〉》，《因明》第 3 辑，甘肃人民出版社，2009，第 227 页。

及意义等。

因明传入蒙古以后，对蒙古族文化及传统思维方式产生什么样的影响目前还没有更多的研究。但佛教对蒙古族的影响方面研究比较丰富，涉及面也比较广。方广锠在《中国佛教文化的形成与影响——蒙古文甘珠尔丹珠尔目录前言》里提出："如果离开佛教，我们将无法完整撰写 13 世纪以来的蒙古历史与文化。因此，认真研究与总结佛教文化对蒙古族与蒙古文化的影响，乃至蒙古文化对佛教的影响，无疑是我们面临的一个重要的任务。"[①] 从这些论述里能够充分认识到佛教对蒙古族政治、经济、文化诸方面的影响和作用。笔者参与了图·乌力吉教授主持的国家社会科学基金重大项目"蒙古因明研究"，在研究过程中，撰写了一篇很不成熟的文章《因明对蒙古族传统文化的影响——浅论蒙古族民间争辩式好来宝》。该文在简单分析藏传佛教辩经与蒙古族民间传统的争辩式好来宝"岱日拉查"之间的异同基础上，提出了"蒙古族民间的岱日拉查好来宝为因明对蒙古族传统文化影响的产物"的初步假设。正因为是初步假设，仍然需要更全面、更充实的例证来证明假设的科学性。也希望蒙藏学者们关注此话题，提出更多宝贵意见，笔者也将在今后的蒙古因明学习过程中继续分析、探索更多的文献资料，更加完善冒昧提出的初步假设，如果进一步的研究中证明此假设不能经受住实践和科学的检验，本人也接受任何结果，以体现学术的自由和严肃性。

---

① 方广锠：《中国佛教文化的形成与影响——蒙古文甘珠尔丹珠尔目录前言》，《法音》2004 年第 1 期。

第五章

古代蒙古族逻辑思想主要特征及其历史文化背景

第一节　古代蒙古族逻辑思想的主要特征

"'史前'（指人类文明史之前更为远古时代——引者）时代人的思维特征是人类智慧最大一个谜，蒙古族的史前史也是如此。仅仅依靠历史的单方面资料无法全面反映史前时代人们的行为规律，只有全面分析方方面面的相关科学领域，才能够为其当时的历史真实情况做出全面、正确的反映。"① 古代蒙古族逻辑思想的研究亦是如此。

通过研究，对古代蒙古族逻辑思想得出如下总结性结论。第一，古代蒙古族虽然没有留下系统研究逻辑的专门著作，但《蒙古秘史》等诸多历史文献当中包含着丰富的逻辑思想。第二，在思维发展规律上，蒙古族先民经历了前逻辑思维到逻辑思维的过程。前逻辑思维特征，主要表现在形象思维占主导地位和一定程度的原始思维痕迹。腾格里思维、图腾思维、萨满思维、神话思维等思维方式，都具有一定程度的原始思维遗留或痕迹。第三，古代蒙古族形成了较为成熟的逻辑思想，具体表现在丰富的类概

---

① 图·乌力吉：《古代蒙古人文化思维》，内蒙古大学出版社，1997，第236~237页。

念系统,能够熟练使用比兴手法、意向性思维方式,比喻推理是主导推理形式,辩证思维较为发达。第四,蒙古因明是古代蒙古族逻辑思想的重要组成部分之一。

额尔敦陶克套先生对蒙古族理论思维的发展规律提出如下观点:蒙古族的理论思维是以原始思维—形象思维—辩证思维—系统思维—逻辑思维的规律发展的有机整体。① 我们经过古代蒙古族逻辑思想研究得出的结论,基本符合该规律。

布留尔在描写原始思维时称:"原始民族的语言'永远是精确地按照事物和行动呈现在眼睛里和耳朵里的那种形式来表现关于它们的观念。'这些语言有个共同的倾向:它们不去描写感知着的主体所获得的印象,而去描写客体在空间中的形状、轮廓、位置、运动、动作方式,一句话,描写那种能够感知和描绘的东西。"② 古代蒙古族的腾格里思维、图腾思维、萨满思维、神话思维等,不是布留尔所描述的原始思维,只是具有一定原始思维痕迹或原始思维遗留特点。而且,这些思维特征是古代蒙古族思维逐步成熟的过程表现。即腾格里思维是一元思维的奠基,图腾思维是原始思维的雏形,萨满思维是二元思维的缘起,神话思维是多元思维的模型,形象思维是理性思维的前提。就此问题,笔者在今后的研究中将进一步深入探讨和阐述论证。

传统的关于思维形式的观念都认为,形象思维是基础形式,而抽象思维是在形象思维基础上的高级形式。社会发展到今天,人类思维现状似乎反驳了这样的认识。因为,当前的人类思维实践表明,抽象思维高度发达,在众多科学领域发挥重要作用的同时,形象思维仍然以自己的方式存在于人类思维实践当中,而且发挥着不可或缺的作用。形象思维是人类思维的重要形式之一。

---

① 额尔敦陶克套:《蒙古族传统理论思维》,内蒙古人民出版社,2004,第194~195页。
② 〔法〕列维-布留尔:《原始思维》,丁由译,商务印书馆,1981,第150页。

"形象思维是以物质客观存在的形态信息——形象信息来把握事物的。因此，从形象思维的实质看，它已不属于'感性的具体'，而属于'思维中的具体'了。"[1] 从研究结果看，古代蒙古族思维方式里，形象思维发挥重要作用，而且社会发展到今天，形象思维仍然发挥着不容忽视的作用，但这并不代表古代蒙古族先民只会用形象思维来思考，反之，古代蒙古族逻辑思维较为发达，具有丰富的逻辑思想。

一个民族的思维认识中，概念系统非常重要。古代蒙古族概念系统特别丰富、全面，尤其是与游牧生活息息相关的概念，既有内涵极广的普遍概念，又有范围极小的单独概念；既有较为抽象的类概念，又有明确指向的具体概念。古代蒙古族辩证思维非常成熟和发达，蒙古族先民不仅以辩证的思维去认识事物间的矛盾，而且能够以辩证思维处理和看待生产生活实践中的各种事物，从整体性、系统性角度认识世界，体现了古代蒙古族先民较强的逻辑思维和使用逻辑的能力。格·孟和教授认为："蒙古人在采集和狩猎活动中，通过对植物和动物以及自身的观察，认识到凡是天地万物都有双向的对称性，这样逐渐地形成了一种对称性的印象和观念。这是一分为二的辩证思维的朴素的原始的表现。"[2] 古列延思维在古代蒙古族思维世界里扮演特殊的角色，形成了古代蒙古族独具特色的思维模式。古列延思维在古代蒙古族的经济、军事、宗教信仰、民俗等诸多领域均有突出的体现，甚至在现代蒙古人思维方式当中也有特殊的意义。

"思维方式虽然具有较强的稳定性和传承性，但也并非一成不变。随着所处经济、政治、文化背景的改变，一个民族的思维方式也逐渐发生变化，我们可称之为'思维方式的变迁'。如果思维

---

[1] 刘奎林、杨春鼎：《思维科学导论》，工人出版社，1989，第95页。
[2] 格·孟和：《蒙古哲学概论》，辽宁民族出版社，2018，第518页。

方式的变迁是非主动的、自然变化的话,我们还可以根据时代发展和社会需要,主动改变民族的传统思维方式,我们可称之为'传统思维方式的现代转化'。"① 我们应以历史的、客观的态度和发展的眼光看待不同民族的传统思维方式,挖掘、整理、传承其中的合理部分,加快传统思维方式现代转化进程,使一个民族始终引领或至少跟上时代发展的趋势,这也是一个民族逻辑思想不断发展的历程。

第二节 古代蒙古族逻辑思想的历史文化背景

"一个民族的思维方式的形成,是个历史过程,是实践的产物,与其所处的经济、政治、文化诸多因素分不开"。② 古代蒙古族思维方式亦即如此。蒙古先民生息繁衍的地理环境和社会环境既是古代蒙古族思维方式形成的历史文化背景,同样也是古代蒙古族逻辑思想产生、发展的背景。

一 经济背景

据资料记载,早期蒙古族先民的主要生活方式为狩猎。在漫长的狩猎生活实践中,掌握驯养野兽为家畜的技能,逐渐转为游牧生活方式,游牧成为蒙古先民主要的生活方式或经济形式。符拉基米尔佐夫对此做了如下记述:"按照生活方式和经济情况,把12世纪的蒙古部落分为两群,即森林或狩猎部落(hoyin irgen)群及草原或畜牧部落(Kc'cr-ün irgen)群。显然,同样的情况,在11世纪也可以看到。"③ 从《蒙古秘史》中的记载也能够察觉

---

① 莫日根巴图:《〈蒙古秘史〉逻辑思想研究》,辽宁民族出版社,2014,第246页。
② 莫日根巴图:《〈蒙古秘史〉逻辑思想研究》,辽宁民族出版社,2014,第233页。
③ 〔苏〕Б. Я. 符拉基米尔佐夫:《蒙古社会制度史》,刘荣焌译,中国社会科学出版社,1980,第54页。

到或证明这一经济规律和特点：首先，蒙古族祖先孛儿帖·赤那与妻子豁埃·马澜勒是渡过大海而来，扎营住在"不儿罕合勒敦山"，而不儿罕合勒敦是适合狩猎的山地（§1）；其次，豁里剌儿台·蔑儿干在豁里·秃马惕地区与其他氏族产生矛盾，没有猎物可打，因"因不儿罕合勒敦山为可捕猎野兽的好地方"而搬到此处（§8）；再次，从《蒙古秘史》第12节记载朵奔·蔑儿干上山打猎一直到第56节成吉思汗父亲也速该巴阿秃儿在斡难河附近打猎时发现诃额论合敦并抢其为妻，所描述的主要内容都与狩猎有关，几乎没有游牧经济的描述内容；最后，"蔑儿干"是狩猎经济时代对善射者的尊号。《蒙古秘史》中带有"蔑儿干"称号的人都集中在前8节里，从《蒙古秘史》第二卷开始，所记录内容主要是游牧经济。例如，第72节里所记泰亦赤兀惕部把帖木真一家丢在营盘搬走，第90～93节所记载的帖木真追讨被盗的八匹马，等等。

《蒙古族通史》就古代蒙古族经济生活方式概述如下："远古时期的蒙古人以树叶为衣，用木、石做器皿，以采集为生。这种原始生活方式，一直残存到十二世纪的蒙古。……八世纪中叶，蒙古部自西迁到肯特山（即《蒙古秘史》所记不儿罕·合勒敦山——引者）后，一直到九世纪四十年代始终是个狩猎部落。此后，蒙古部才逐渐过渡成为游牧部落。"① 一种生活方式的选择，主要取决于某一群体所处的自然环境。"蒙古高原是东亚内陆高原，属于温带大陆性气候。冬季严寒漫长，夏季炎热短暂，降水稀少。与我国中原地区土地肥沃、雨水丰富、气温暖和，有利于植物生长，适合农耕经济比较，蒙古高原为中心的北方辽阔的草原更适合游牧经济。"②

---

① 内蒙古社科院历史所、《蒙古族通史》编写组：《蒙古族通史》（上），民族出版社，1991，第18～19页。
② 莫日根巴图：《〈蒙古秘史〉逻辑思想研究》，辽宁民族出版社，2014，第235页。

众所周知，狩猎和游牧经济是传统的自然经济，生产力低下，经济效率不高，原始的狩猎经济和游牧经济更毋庸置疑。另外，游牧经济与农耕经济比较，受自然因素的影响更为明显，偶然性强，属于"脆弱"经济，一次暴风雪、一次野兽袭击很可能吞没一群牛羊，使一个家族瞬间倾家荡产。总之，古代蒙古族先民在这种艰苦、恶劣的环境下，度过衣食不足的原始生活。这一情况，在《蒙古秘史》中也得到充分的反映。例如，被称为"伯颜"（富裕）的脱罗豁勒真·伯颜家里只有两匹马（§3）；马阿里黑巴牙兀歹为了填饱肚子，将自己的儿子用鹿的一条后腿肉交换给朵奔·蔑儿干（§16）；等等。

这样的自然条件和经济方式，造就了古代蒙古族思维方式的独特性。第一，腾格里思维、图腾思维和萨满思维。蒙古先民与恶劣的自然环境和气候条件抗衡，在强大的自然力面前，显得非常渺小和万般无奈，甚至生死存亡的命运都很大程度上任大自然摆布。于是，宇宙万物以一种不可战胜的、神圣不可侵犯的形象出现在古代蒙古人思想意识当中，一切祭拜和寄托腾格里，敬畏猛兽烈禽，崇拜日月、山川、河流、草木等自然物，从而形成了腾格里思维、图腾思维和萨满思维等具有一定原始思维痕迹的思维方式。同时，在荒漠无边的草原上进行游牧狩猎活动，无疑增加了古代蒙古族先民的生活勇气和探索自然的胆量，这样的经济背景需要英雄、塑造英雄。从而英雄崇拜成为古代蒙古族思维的总的趋向。第二，辩证思维。格·孟和教授将游牧经济定为蒙古族辩证思维和蒙古哲学的决定性因素。他认为："游牧经济经营的是牲畜，与农业经济和工业经济不同，其特点是与生命有直接的联系。牧草、牲畜都是有机物，都有生命。可以这样说，经营管理生命是游牧经济的核心，是它的命脉，这决定着游牧经济的基本形式和方式。而游牧的根本原因在于自然环境与生命的相互依存和协调，并达到二者的平衡，其目的就是保护生命（包括牲畜和人的生命），达到人畜兴旺。蒙古人的生产方式、生活方式都与此相适应和协调。这充分反映了游牧经济的内在矛盾和它的两重性特点。这种游牧经济的辩证性，影响或制约着人们的思维方式。"① 同时，在这样的狩猎和游牧经济背景下，产生与其紧密联系的丰富的概念，为古代蒙古族逻辑思想打下了坚实的基础。第三，生态思维。在游牧生活实践中，与大自然特别是山川、河流、草场、畜群等朝夕相处，对它们有了较为全面的认识，生态保护意识强，体现了古代蒙古族理性思维和成熟的一面。例如，成吉思汗《大扎撒》关于保护自然、保护畜群的规定，丰富的地理通名等，都是这一特点的具体表现。第四，古代蒙古族在狩猎和一年四季"逐水草而居"游牧生活的流动经济背景下，形成一种无限循环的"圆形"的思维模式，即本书所谓的古代蒙古族"古列延思维"。

二　政治背景

随着经济的发展，古代蒙古社会按照氏族部落社会—奴隶社会—封建社会的规律发展。《蒙古秘史》就此的记录较为生动：通过"同母异父视为亲族"（阿阑·豁阿与朵奔·蔑儿干所生两个儿子和阿阑·豁阿无丈夫所生三个儿子互为亲族）、"做女婿放下"（ ᠬᠦᠷᠭᠡᠨ ᠠᠪᠴᠢᠬᠤ ᠶᠤᠰᠤᠨ ）的婚姻习俗等间接地反映出古代蒙古族曾经经历过母系氏族社会制度阶段。从氏族社会性质分析，《蒙古秘史》所反映的氏族社会属于父系氏族社会。亦即以父亲血缘为主，同一祖先的人群视为一个"斡孛黑"（" ᠣᠪᠣᠭ "［obog］，指氏族）。几乎所有的斡孛黑都以男性始祖命名。同一个父系祖先的若干斡孛黑称为一个"牙孙"（" ᠶᠠᠰᠤᠨ "［yasun］，指骨）或"牙速坦"（" ᠶᠠᠰᠤᠲᠠᠨ "［yasutan］）。古代蒙古族氏族社会实行族外婚

---

① 格·孟和：《蒙古哲学概论》，辽宁民族出版社，2018，第480页。

姻制度，禁止族内通婚，并主要以斡孛黑为社会组织形式，一个斡孛黑共同生活，共同组织各种群体活动，当然包括与异族之间的掠夺战争。随着社会发展，氏族内部产生贫富差别，出现"那颜"（"ᠨᠣᠶᠠᠨ"［noyan］，指奴隶主）和"孛斡勒"（"ᠪᠣᠭᠣᠯ"［bogol］，指奴隶）。对此，《蒙古秘史》多处有清楚的记录。例如，脱罗豁勒真·伯颜家有年轻仆人（§3）；朵奔·篾儿干用鹿的一条后腿肉换取马阿里黑巴牙兀歹的儿子做奴隶（§16）；古温·兀阿将自己的两个儿子木合黎、不合，赤刺温·孩赤亦将自己两个儿子统格、合失送帖木真为奴隶（§137）；等等。氏族部落首领，为了占有更多的奴隶和财产，经常袭击邻近部落，掠夺奴隶、畜群等。从而部落战争连续不断成为古代蒙古社会政治生活的重要特征。部落战争和氏族内部的贫富差别，促成了部落贵族，加快了古代蒙古社会向阶级社会过渡的步伐。①

《蒙古族通史》中说："大约从九世纪中叶开始了这一历史过渡，十二世纪建立早期奴隶制国家，宋朝称之为'蒙古'，金朝称之为'朦骨国'，创始人为成吉思汗的三世祖合不勒汗（1101～1148年?）。"②《蒙古秘史》所记载的"阿拉坦、忽察儿、薛扯·别乞等人共同商议……称帖木真为成吉思汗，拥立他为汗"（§123），其实就是奴隶制蒙古国家的汗。与其同时代，古代蒙古社会还有客列亦惕王罕、乃蛮部塔阳汗以及札答阑部札木合等都建立了各自的奴隶制国家。从此，奴隶汗国之间争夺草原统治权的斗争成为古代蒙古社会的主要矛盾。经过长时间的、多次大规模的部落战争，成吉思汗终于1206年建立了蒙古汗国（"ᠮᠣᠩᠭᠣᠯ ᠬᠠᠭᠠᠨᠲᠤ ᠤᠯᠤᠰ"）。统一的蒙古汗国的建立，成为古代蒙古社会从奴隶制社会进入封建社会的标志。

成吉思汗及其"黄金家族"组成蒙古汗国最高统治阶级，实

---

① 莫日根巴图：《〈蒙古秘史〉逻辑思想研究》，辽宁民族出版社，2014，第236～237页。
② 内蒙古社科院历史所、《蒙古族通史》编写组：《蒙古族通史》（上），民族出版社，1991，第23页。

行万户制的社会管理组织制度,建立分封制度,成吉思汗为自己诸子赐予土地和百姓,将建国功臣、将领们奉为万户长、千户长等,制定《大扎撒》(法律),扩建怯薛军,将蒙古汗国建设为典型的封建王国。为了巩固蒙古汗国的统治地位,成吉思汗开始大规模的对外战争,先后征伐金、西夏、花剌子模等,斡歌歹汗继位后继续派兵西征,灭金。

总之,古代蒙古政治社会是战争不断的社会,用《蒙古秘史》的话说,是"星天旋回,列国相攻,不入寝处而相劫。大地翻转,普国相攻,不卧其衾而相斗"的社会。这与中国古代春秋战国时期的政治社会很相似,从这个意义上,古代蒙古族思维方式与中国古代逻辑思想具有相同的政治背景。但是,在中国古代,"先秦诸子为了政治、军事、外交、伦理等的需要,都在通过自己的谈说论辩来播其声(主张)、扬其道(理想)、释其理(理由),并由此产生了具有传统特色的论辩思想与论辩艺术,形成了中国古代特有的论辩文化"①,促成了古代名辩逻辑的产生。但古代蒙古族却缺乏对社会政治为题的理论探讨,主要以武力的方式解决政治矛盾,从而未能产生更为系统的逻辑理论,但是在接连不断的战争和矛盾冲突中,孕育出能够顾及矛盾双方的辩证思维,体现出古代蒙古族如何运用逻辑的问题。

"乱世出英雄",古代蒙古族社会正因为以武力来解决政治矛盾,所以,英雄受宠、受重用,为古代蒙古族英雄崇拜思维趋向提供了必要的政治环境和社会条件。

国家是为统治阶级服务的政治工具。不管是什么年代,什么国家,什么民族,作为统治阶级,都会采取各种各样的手段和措施,维护自己的统治地位。这里当然包括思想观念领域的措施。古代蒙古族"腾格里思维"是在原始宗教萨满教的基础上,为蒙

---

① 张晓芒:《先秦诸子的论辩思想与方法》,人民出版社,2011,第1页。

古汗国服务的政治需求,从纯自然崇拜变为更为抽象的、代表统治阶级的思维工具。亦即,以成吉思汗为代表的蒙古族贵族,充分利用腾格里在蒙古人民思维意识中的崇高、神圣角色,继续保留其神秘性,同时为"腾格里"赋予更多的阶级意志,作为思想武器,为统一蒙古各部落的战争事业和之后的蒙古汗国服务。成吉思汗将萨满教确定为国教是最有力的证据。

三 文化背景

"任何一个新的理念的产生,都应该有一个背后的文化传统的支撑。在稳定的文化传统中,也包括了这个民族的思维方式。"① 古代蒙古族的思维方式的形成离不开与它所支撑的文化传统——草原游牧文化。

近年来,对草原文化的研究特别活跃。随着研究的深入,涉及古代蒙古族主流文化提出了草原文化和游牧文化两种概念。虽然在一定意义和特定范围内,草原文化与游牧文化具有密不可分的联系,但细分析,也有不小的区别。首先,从文化类型上,草原文化为地域文化,可以涵盖孕育、成长在草原地域的采集、狩猎、游牧、农耕、工业等多种文化形态。游牧文化则是经济文化,仅指以游牧经济方式为基础的文化形态。其次,从产生和发展时间跨度上,草原文化可以上溯到草原上人类生活足迹的最早时期,下延至不同生活方式的现代草原人民的各种文化现象。而游牧文化只是涵盖人类社会从产生游牧经济开始到现代的游牧经济时代的文化。"因此,对草原文化与游牧文化之间的关系,我们只能从具体区域分布和历史时期去分析和认识,而不能笼统地将之混为一谈。"② 显然,草原文化在内涵上丰富于游牧文化,在外延方面

---

① 张晓芒:《先秦诸子的论辩思想与方法》,人民出版社,2011,第250页。
② 吴团英:《草原文化与游牧文化的建构待征》,《文明》2007年第8期。

也宽于游牧文化。

从上述经济背景分析看,古代蒙古族的生活方式,虽然以游牧经济为主,但也有早期的采集、狩猎经济和游牧、狩猎共存的阶段,甚至以游牧经济为主期间,也没有排除狩猎经济和少量的渔业、农业经济。因此,古代蒙古族思维方式形成的文化背景是以游牧经济为主的草原文化,而不只是游牧文化。而且,这里所谓的草原文化不是狭义的蒙古族的文化,而是包括古代北方阿尔泰语系诸民族文化的广义的草原文化。因为,古代蒙古族思维方式的形成与蒙古族的前身古代阿尔泰语系诸民族的文化有着千丝万缕的历史渊源。

"文化"是很宽泛的概念,通常分为物质文化、精神文化和制度文化。物质文化包括人类生产生活所需的居所、生活器具等。精神文化包括意识形态领域的思想观念、风俗习惯、伦理道德、宗教信仰以及各种文学、艺术作品。制度文化包括经济制度、政治制度、法律制度等社会管理方面诸多规则和规范。众所周知,经济基础决定上层建筑。相对而言,一个民族的物质文化是经济方式的直接反映,而精神文化、制度文化为间接反映。历史证明,古代的蒙古族是经济、文化诸方面较为发达的强盛民族。据史料记载,当时,古代蒙古族在天文学、医学、机械原理、建筑、编织和染坊术、造型艺术、文学、宗教信仰和社会观念等方面达到了较为先进的行列。[①]

地域性和民族性是文化的显著特点,不同民族或不同群体的文化具有不同的特点。在游牧生活方式为主要经济基础的草原文化,与农耕经济为基础的中原文化,除了人类文化共有的一般特征外,也有明显的地域和民族特点。本书就古代蒙古族思维方式

---

① 内蒙古社科院历史所、《蒙古族通史》编写组:《蒙古族通史》(上),民族出版社,1991,第132~140页。

的产生具有密切关系的草原文化几个特点做简单分析。

第一,英雄史诗是草原文化的重要内容之一。歌颂部落首领等英雄人物抗争异族侵略,保护部落的安定团结和繁荣发展以及个体家庭的英雄与"蟒格斯"(即魔鬼)争夺家产、畜群,最后战胜蟒格斯,过上幸福生活是古代英雄史诗的主要特点。古代阿尔泰语系诸民族丰富的英雄史诗,为古代蒙古族思维方式注入了崇尚英雄的内涵,从而英雄崇拜成为古代蒙古族思维总的趋向。

第二,古代阿尔泰语系诸民族中具有图腾崇拜、自然崇拜等原始宗教信仰。这为古代蒙古族图腾思维、萨满思维、腾格里思维等具有原始思维痕迹的思维方式的形成提供了文化背景。

第三,古代阿尔泰语系诸民族创造了丰富的神话传说。这些文化因素反映在思维方式上,体现为古代蒙古族神话思维。

第四,在草原文化中,社会关系近乎自然关系,人与自然高度和谐,人与驯养的动物高度和谐。这是古代蒙古族原始自然崇拜和宗教信仰的文化源泉,也是古代蒙古族辩证思维和生态思维[①]所产生的文化背景。

第五,蒙古族文字使用历史较短,更多的知识和文学传统都以口头形式传授和流传,这是古代蒙古族形象思维发达的客观需要,也是未能高度发达抽象的、系统的逻辑思维的原因之一。

总之,"草原文化拥有丰富而优秀的文化基因。与其他区域文化相比较,草原文化诞生于艰苦的自然环境,特殊的客观条件和历史境遇,促使草原人具有不畏逆境的英雄主义品质,容纳百川的开放精神,注重协作的集体意识,忠诚不渝的诚信思想,天人和谐的生态理念,这些优秀的文化因素不仅深深地渗透于草原文化的每一个细胞,而且与现代文明的要求和发展趋势相契合,有

---

① 本书尚未涉及"生态思维",在今后的研究中将予以关注。

很高的继承和传播价值"。① 以游牧经济为主的草原文化为古代蒙古族思维方式的形成提供了独特的文化背景,也以丰富的内容和优秀的文化基因,影响着蒙古族思维方式的发展。草原文化与古代蒙古族思维方式,就像崔清田教授论述文化与逻辑之间关系一样,很难用绝对的产生者与被产生者、原因与结果、先有与后出等范畴加以分析。草原文化为古代蒙古族思维方式的形成提供了文化背景,草原文化的诸因素也已相对稳定地体现在古代蒙古族思维方式之中。

---

① 乌恩:《草原文化的传承与发展》,《中国社会科学院院报》2008年2月26日第6版(地方社科院专刊)。

参考文献

一 汉文文献

额尔登泰、乌云达赉：《蒙古秘史》校勘本，内蒙古人民出版社，1980。

道润梯步：《新译简注〈蒙古秘史〉》，内蒙古人民出版社，1979。

《蒙古秘史》，余大钧译注，河北人民出版社，2001。

阿尔达扎布：《新译集注〈蒙古秘史〉》，内蒙古大学出版社，2005。

额尔登泰、乌云达赉、阿萨拉图：《〈蒙古秘史〉词汇选释》，内蒙古人民出版社，1980。

甄金：《蒙古秘史学概论》，内蒙古教育出版社，1996。

《蒙古民族通史》编委会编《蒙古民族通史》（5卷），内蒙古大学出版社，2002。

《蒙古族简史》编写组编《蒙古族简史》，社会科学文献出版社，2007。

内蒙古典章法学与社会学研究所编《〈成吉思汗法典〉及原论》，商务印书馆，2007。

〔波斯〕拉施特：《史集》，商务印书馆，1983。

〔苏〕Б.Я.符拉基米尔佐夫:《蒙古社会制度史》,刘荣焌译,中国社会科学出版社,1980。

С.А.郭增:《蒙古秘史词汇注释》,托门译,内蒙古师范学院蒙语专业蒙古语文研究室(内部参考资料)。

牛森主编《草原文化研究资料选编》(1~5辑),内蒙古教育出版社,2005~2007。

色音:《蒙古游牧社会的变迁》,内蒙古人民出版社,1998。

莎日娜、乌冉、巴图吉日嘎拉:《蒙古族民俗风情》,内蒙古人民出版社,2003。

巴·布和朝鲁:《蒙古包文化》,内蒙古人民出版社,2003。

张碧波等:《中国古代北方民族文化史》,黑龙江人民出版社,1993。

白音查干:《内蒙古民俗概要》,内蒙古教育出版社,1999。

张汝伦编选《理性与良知——张东荪文选》,上海远东出版社,1995。

张耀楠编《知识与文化——张东荪文化论著辑要》,中国广播电视出版社,1995。

崔清田:《墨家逻辑与亚里士多德逻辑比较研究》,人民出版社,2004。

周礼全主编《逻辑——正确思维和成功交际的理论》,人民出版社,1994。

张家龙主编《逻辑学思想史》,湖南教育出版社,2004。

温公颐、崔清田主编《中国逻辑史教程》(修订本),南开大学出版社,2001。

周云志、刘培育:《先秦逻辑史》,中国社会科学出版社,1984。

孙中原:《中国逻辑史》(先秦),中国人民大学出版社,1987。

孙中原：《中国逻辑学研究》，商务印书馆，2006。

董志铁：《名辩艺术与思维逻辑》（修订版），中国广播电视出版社，2007。

翟锦程：《先秦名学研究》，天津古籍出版社，2005。

张晓芒：《先秦辩学法则史论》，中国人民大学出版社，1995。

张晓芒：《先秦诸子的论辩思想与方法》，人民出版社，2011。

亨利希·肖尔兹：《逻辑简史》，商务印书馆，1977。

宋文坚：《逻辑学的传入与研究》，福建人民出版社，2005。

陈波：《逻辑哲学导论》，中国人民大学出版社，2000。

王小盾：《中国早期思想与符号研究——关于四神的起源及其体系形成》，上海人民出版社，2008。

刘长林：《〈中国系统思维〉（修订本）——文化基因探视》，社会科学文献出版社，2008。

张立文：《传统学引论——中国传统文化的多维思考》，中国人民大学出版社，1989。

武占江：《中国古代思维方式的形成及特点》，陕西人民出版社，2001。

陈中立、杨楹、林振义等：《思维方式与社会发展》，社会科学文献出版社，2001。

吾淳：《中国思维形态》，上海人民出版社，1998。

刘奎林、杨春鼎：《思维学导论》，工人出版社，1989。

王中江：《近代中国思维方式演变的趋势》，四川出版集团、四川人民出版社，2008。

陈新夏、郑维川、张保生：《思维学引论》，湖南人民出版社，1986。

张岱年、成中英等：《中国思维偏向》，中国社会科学出版社，1991。

辜鸿铭：《中国人的精神》，海南出版社，1996。

刘毓庆：《图腾神话与中国传统人生》，人民出版社，2002。

闫德亮：《中国古代神话文化寻踪》，人民出版社，2011。

王增永：《神话学概论》，中国社会科学出版社，2007。

〔美〕林恩·桑戴克：《世界文化史》，陈廷璠译，上海三联书店，2005。

叶舒宪、萧兵、郑在书：《上海经的文化寻踪》，湖北人民出版社，2004。

〔法〕列维-布留尔：《原始思维》，丁由译，商务印书馆，1981。

〔法〕列维-斯特劳斯：《野性的思维》，李幼蒸译，商务印书馆，1997。

〔德〕弗洛伊德：《图腾与禁忌》，杨庸一译，中国民间文艺出版社，1986。

〔苏〕海通：《图腾崇拜》，何星亮译，广西师范大学出版社，2005。

〔英〕詹·乔·弗雷泽：《金枝》（上下），徐育新、汪培基、张泽石译，中国民间文艺出版社，1987。

恩格斯：《自然辩证法》，人民出版社，1962。

王克喜：《古代汉语与中国古代逻辑》，天津人民出版社，2000。

翦伯赞：《中国史纲要》（上下），北京大学出版社，2006。

冯天瑜、何晓明、周积明：《中华文化史》（上下），世纪出版集团、上海人民出版社，2005。

〔德〕西蒙德·弗洛伊德：《论宗教》，王献华、张敦福译，国际文化出版公司，2002。

周山主编《中国传统思维方法研究》，学林出版社，2010。

程钟棠：《"中国古代逻辑学"解构》，中国社会科学出版社，2009。

王路：《逻辑的观念》，商务印书馆，2000。

〔美〕帕特里克·赫尔利：《简明逻辑学导论》（第10版），陈波、宋文淦、熊立文、谷振诣等译，世界图书出版公司北京公司，2010。

武宏志、周建武、唐坚：《非形式逻辑导论》，人民出版社，2009。

韩儒林：《穹庐集——元史及西北民族史研究》，上海人民出版社，1982。

翟锦程：《先秦明学研究》，天津古籍出版社，2005。

曹道巴特尔：《蒙汉历史接触与蒙古语言文化变迁》，辽宁民族出版社，2010。

高隆昌、卢淑和、李宗昉：《思维科学概论》，西南交通大学出版社，2004。

《中国军事史》编写组编《中国历代军事思想》，解放军出版社，2007。

纳日碧力戈：《姓名论》，社会科学文献出版社，2002。

格·孟和：《蒙古文化概论》，辽宁民族出版社，2016。

郑堆主编《中国因明学史》，中国藏学出版社，2017。

格·孟和：《蒙古哲学概论》，辽宁民族出版社，2018。

二 蒙古文文献

《蒙古秘史》（全3卷），巴雅尔标注，内蒙古人民出版社，1981。

图·乌力吉：《古代蒙古人文化思维》，内蒙古大学出版社，1997。

图·乌力吉：《古代蒙古人萨满文化思维》，内蒙古教育出版社，2006。

图·乌力吉：《古代蒙古族生态文化思维》，内蒙古教育出版社，2010。

图·乌力吉：《古代蒙古人图腾文化思维》，内蒙古人民出版社，2013。

特·额尔敦陶克套、满都夫：《蒙古族传统形象思维》，内蒙古人民出版社，2001。

额尔敦陶克套：《蒙古族传统理论思维》，内蒙古人民出版社，2004。

格·孟和主编《蒙古哲学史》，内蒙古人民出版社，1995。

苏和、特·额尔敦陶克套：《蒙古哲学思想史》，辽宁民族出版社，2004。

花讷惕·萨·巴特尔：《蒙古族伦理思想史》，内蒙古人民出版社，2002。

〔德〕海西希：《蒙古的宗教》，阿拉坦巴根译，内蒙古人民出版社，1998。

马可·波罗：《马可·波罗游记》，赛熙亚乐译，吉林人民出版社，1977。

〔蒙〕色·杜力玛：《蒙古象征学——数学象征学》，苏优格、沐丽森转写，内蒙古人民出版社，2001。

〔蒙〕色·杜力玛：《蒙古象征学——颜色象征学、方向象征学》，苏优格、沐丽森转写，内蒙古人民出版社，2001。

塔·额尔敦陶克套呼编《多维视野中的蒙古文化》，内蒙古人民出版社，1999。

图力古尔编《蒙古文字史概要》，内蒙古文化出版社，1998。

乌瑞阳海·赵·阿拉坦格日乐编《蒙古族姓氏录》，内蒙古科学技术出版社，1996。

鲍玺编著《蒙古姓氏》，宝音夫译，内蒙古文化出版社，2002。

呼日勒沙：《蒙古神话新探》，民族出版社，1996。

呼日勒沙：《蒙古神话传说的文化研究》，辽宁民族出版社，2004。

德·达林泰：《〈蒙古秘史〉神话研究》，内蒙古人民出版社，2005。

那·斯仁：《〈蒙古秘史〉伦理思想研究》，内蒙古人民出版社，2007。

阿·朋斯格：《〈蒙古秘史〉风俗研究》，内蒙古人民出版社，2010。

白·特木巴根：《〈蒙古秘史〉文献版本研究》，内蒙古教育出版社，2004。

纳·布和哈达、萨仁苏和：《〈蒙古秘史〉及其版本介绍》，内蒙古人民出版社，2010。

〔蒙〕沙·沙格达尔、桑·丹丁苏荣：《蒙古秘史中的山水地名》，赛音宝音转写，内蒙古教育出版社，2010。

〔蒙〕沙·毕热：《蒙古文化史》（上下册），齐木德道尔吉转写，民族出版社，2010。

策·巴图：《〈蒙古—卫拉特法典〉语言研究》，民族出版社，2012。

〔蒙〕德·达希普日布：《蒙古哲学史的概要》，图·乌力吉转写，内蒙古教育出版社，2015。

布仁巴图、特日格勒等：《〈蒙古秘史〉词汇研究》，内蒙古人民出版社，2018。

三　斯拉夫文文献

图·乌力吉：《古代蒙古人思维模式、特点》，蒙古国国立大学出版社（乌兰巴托），2006。

〔蒙〕苏恩其仁：《古代蒙古文化艺术》，乌兰巴托，1989。

〔蒙〕乌·尼玛道儿吉：《文化哲学、蒙古文化》，乌兰巴托，1994。

〔蒙〕讷·哈布哈：《蒙古族文化哲学》，乌兰巴托，1996。

〔蒙〕沙·毕拉：《蒙古文化》，乌兰巴托，1992。

〔蒙〕沙·嘎丹巴：《〈蒙古秘史〉还原注释》，国家出版社，1990。

后 记

笔者自2013年6月开始主持国家社会科学基金一般项目"古代蒙古族逻辑思想研究"（批准号：13BZX061），经过长达五年的研究，于2019年6月28日经全国哲学社会科学工作办公室审核准予结项。此项目是在笔者博士学位论文《古代蒙古族逻辑思想研究——以〈蒙古秘史〉为例》（后经修改，以《〈蒙古秘史〉逻辑思想研究》为题于2014年正式出版）基础上申报获批的。在项目申报、计划制定及研究过程中，内蒙古师范大学图·乌力吉教授、南开大学张晓芒教授、内蒙古社会科学院额尔敦陶克陶研究员给予了精心指导，在此深表谢意！在项目研究期间，笔者在中山大学逻辑与认知研究所从事博士后研究工作，在熊明辉教授的指导下主要研究古代蒙古族思维方式，较好地完成了博士后在站期间的研究任务，顺利出站的同时，为圆满完成国家项目的研究任务打下了坚实的基础，在此向熊明辉教授表示衷心的感谢！

以逻辑与文化的视角，将蒙古族思维方式作为一个体系，系统地研究其古代—近代—现代的形成、演变、发展过程及今后的发展趋势是笔者的主要研究课题和方向。《古代蒙古族逻辑思想研究》可谓笔者博士、博士后阶段学习和国家课题研究的共同成果，也是蒙古族思维方式系统研究的第一步。由于笔者知识储备、能力水平不足和对研究工作投入的时间、精力有限等多方面原因，呈现在大家面前的这部研究著作难免存在诸多问题和不足，恳请学界各位专家学者批评指正，不吝赐教。

　　课题结项之际，正逢内蒙古民族大学民族学学科博士点申报良机，得到了学校和蒙古学学院资助支持出版，在书稿修改过程中，社会科学文献出版社编辑做了大量认真细致的工作，在此一并表示感谢！

莫日根巴图
2019 年 10 月于内蒙古通辽市

图书在版编目(CIP)数据

古代蒙古族逻辑思想研究/莫日根巴图著.--北京：社会科学文献出版社，2020.12
（内蒙古民族大学民族学人类学研究丛书）
ISBN 978-7-5201-6086-5

Ⅰ.①古… Ⅱ.①莫… Ⅲ.①蒙古族-哲学思想-研究-中国-古代 Ⅳ.①B2

中国版本图书馆 CIP 数据核字（2020）第 028395 号

·内蒙古民族大学民族学人类学研究丛书·
古代蒙古族逻辑思想研究

著　　者／莫日根巴图
出 版 人／谢寿光
组稿编辑／宋月华
责任编辑／周志静
出　　版／社会科学文献出版社·人文分社（010）59367215
　　　　　地址：北京市北三环中路甲29号院华龙大厦　邮编：100029
　　　　　网址：www.ssap.com.cn
发　　行／市场营销中心（010）59367081　59367083
印　　装／三河市尚艺印装有限公司
规　　格／开　本：787mm×1092mm　1/16
　　　　　印　张：10.75　字　数：136千字
版　　次／2020年12月第1版　2020年12月第1次印刷
书　　号／ISBN 978-7-5201-6086-5
定　　价／128.00元

本书如有印装质量问题，请与读者服务中心（010-59367028）联系

△ 版权所有 翻印必究